从零开始学
B站视频运营和推广

叶龙　编著

清华大学出版社
北京

内 容 简 介

本书是作者总结上百位B站UP主的运营技巧编写的一本教程。全书从基础知识和实战两方面对B站运营的相关内容进行深度解读，帮助广大B站运营者从零开始快速精通B站运营！

基础知识方面，从B站快速入门、内容分区定位、账号注册认证、视频创作要点、拍摄录制技巧、后期制作剪辑、推荐引流方法、后台数据管理、个人账号维护、品牌账号运营推广和商业变现等12个方面，进行了全面的剖析。实战方面，分析了上百个B站号的具体案例，给大家以启发和指导。

本书既适合B站运营的新手阅读，也可作为相关院校B站运营教学方面的参考书。

本书封面贴有清华大学出版社防伪标签，无标签者不得销售。
版权所有，侵权必究。举报：010-62782989，beiqinquan@tup.tsinghua.edu.cn。

图书在版编目(CIP)数据

从零开始学B站视频运营和推广 / 叶龙编著. —北京：清华大学出版社，2021.4
ISBN 978-7-302-57850-5

Ⅰ. ①从… Ⅱ. ①叶… Ⅲ. ①网络营销 Ⅳ. ①F713.365.2

中国版本图书馆CIP数据核字(2021)第056982号

责任编辑：张　瑜
封面设计：杨玉兰
责任校对：李玉茹
责任印制：丛怀宇

出版发行：清华大学出版社
　　　　网　　址：http://www.tup.com.cn, http://www.wqbook.com
　　　　地　　址：北京清华大学学研大厦A座　　　　邮　编：100084
　　　　社 总 机：010-62770175　　　　　　　　　　邮　购：010-62786544
　　　　投稿与读者服务：010-62776969, c-service@tup.tsinghua.edu.cn
　　　　质量反馈：010-62772015, zhiliang@tup.tsinghua.edu.cn
印 装 者：北京博海升彩色印刷有限公司
经　　销：全国新华书店
开　　本：170mm×240mm　　　　印　张：15.5　　　　字　数：376千字
版　　次：2021年5月第1版　　　　印　次：2021年5月第1次印刷
定　　价：59.80元

产品编号：089087-01

前言

随着视频行业的飞速发展，各种视频平台不断涌现。视频已经成为人们生活中一种常用的娱乐消遣方式，甚至成为很多人生活的一部分。大量用户以视频拍摄和运营为职业，从中赢得更多的发展机会。一个爆款视频，能够让拍摄者、运营者以及演员在短时间内吸引大量的观众。

B 站作为视频行业中的代表之一，拥有较为完善的内容生产模式，而且平台用户黏性非常高，视频传播速度很快，其弹幕文化促使用户在弹幕区与 UP 主进行互动，对 UP 主私域流量的提升有非常大的帮助。

然而很多个人和企业只是粗略知道 B 站的优势，对于 B 站视频背后的创作、运营和推广却知之甚少。例如，怎样深入了解 B 站视频？怎样找准 B 站账号的定位和运营方向？怎样注册 B 站账号进行信息设置？怎样进行 B 站视频的内容拍摄、剪辑和发布？怎样对 B 站视频进行内容创意生产？怎样对 B 站视频进行引流？怎样让 B 站视频获取经济收益？

本书内容由浅入深，理论结合案例，通俗易懂。本书从 B 站大量热门视频中提炼出实用的、有价值的技巧，帮助大家了解如何策划视频内容、如何拍摄高质量的视频作品、如何对视频进行后期处理，让大家能够轻松拍出爆款视频，打造个人 IP 和提升品牌形象，并从中赚取丰厚的利润。

本书由叶龙编著，参与编写的人员还有张亮等人，在此表示感谢。由于作者知识水平有限，书中难免有不妥和疏漏之处，恳请广大读者批评、指正。

编　者

目录

第1章 认识B站，UP解析 ……… 1

1.1 了解B站，诞生发展 …………… 2
- 1.1.1 B站诞生，弹幕文化 ……… 2
- 1.1.2 B站发展，运营升级 ……… 3

1.2 看UP主，内容崛起 …………… 4
- 1.2.1 美食UP，敬汉卿等 ……… 4
- 1.2.2 数码UP，何同学等 ……… 8
- 1.2.3 生活UP，郭杰瑞等 ……… 10
- 1.2.4 游戏UP，老番茄等 ……… 13

第2章 选择B站，红利之处 …… 17

2.1 B站破圈，数据增长 …………… 18
- 2.1.1 数据增长，发展迅速 ……… 18
- 2.1.2 Z世代人，B站聚集 ……… 19
- 2.1.3 破圈推广，多维合作 ……… 20

2.2 各个领域，全面发展 …………… 21
- 2.2.1 中长视频，拓展延伸 ……… 22
- 2.2.2 番剧漫画，正版引入 ……… 23
- 2.2.3 直播板块，内容发展 ……… 24
- 2.2.4 游戏业务，商业开发 ……… 25

2.3 UP管理，优质运营 …………… 26
- 2.3.1 底部UP，培训提升 ……… 26
- 2.3.2 头部UP，深度捆绑 ……… 27
- 2.3.3 UP激励，提升关系 ……… 27

2.4 B站平台，其他优势 …………… 29
- 2.4.1 内容优质，涨粉迅速 ……… 29
- 2.4.2 粉丝活跃，黏性较强 ……… 30
- 2.4.3 品牌广告，商业潜力 ……… 31

第3章 内容分区，账号定位 …… 35

3.1 B站分区，创作原则 …………… 36
- 3.1.1 动画分区，二次创作 ……… 36
- 3.1.2 番剧分区，动画内容 ……… 36
- 3.1.3 音乐分区，曲目专辑 ……… 37
- 3.1.4 国创分区，国产原创 ……… 38
- 3.1.5 舞蹈分区，教程翻跳 ……… 39
- 3.1.6 游戏分区，休闲竞技 ……… 39
- 3.1.7 知识分区，万象百科 ……… 40
- 3.1.8 数码分区，测评科普 ……… 41
- 3.1.9 生活分区，各类日常 ……… 41
- 3.1.10 鬼畜分区，音频调教 ……… 42
- 3.1.11 时尚分区，美妆服饰 ……… 43
- 3.1.12 资讯分区，全球热点 ……… 43
- 3.1.13 娱乐分区，明星综艺 ……… 44
- 3.1.14 影视分区，杂谈剪辑 ……… 45
- 3.1.15 放映厅区，专业内容 ……… 45

3.2 账号定位，4维角度 …………… 47
- 3.2.1 自身能力，专长定位 ……… 47
- 3.2.2 用户所需，目标定位 ……… 49
- 3.2.3 平台内容，稀缺定位 ……… 50
- 3.2.4 品牌形象，特色定位 ……… 52

第4章 B站运营，围绕账号 …… 55

4.1 管理账号，了解操作 …………… 56
- 4.1.1 注册会员，账号激活 ……… 56
- 4.1.2 会员升级，更多权益 ……… 58
- 4.1.3 名人堂榜，荣誉象征 ……… 60

4.2 官方认证，彰显身份 61
 4.2.1 UP认证，知名UP 61
 4.2.2 身份认证，社会职业 63
 4.2.3 专栏领域，优质认证 64
 4.2.4 企业认证，正式官方 65
 4.2.5 媒体认证，传媒官方 66
 4.2.6 政府认证，权威机构 67
 4.2.7 组织认证，组织团体 68
4.3 会员福利，4大特权 69
 4.3.1 内容特权，观看享受 70
 4.3.2 装扮特权，美化账号 72
 4.3.3 身份特权，专属福利 74
 4.3.4 视听特权，SQ无损 77

第5章 视频主体，创作要点 81

5.1 标题吸睛，首要关键 82
 5.1.1 制作要点，紧扣内容 82
 5.1.2 标题写作，核心技能 83
 5.1.3 常见标题，不同套路 86
5.2 内容创作，表达方法 95
 5.2.1 立足定位，精准营销 95
 5.2.2 把握表达，雅俗共赏 96
 5.2.3 评论文案，重要技巧 98
5.3 视频文案，禁区事项 99
 5.3.1 为达更新，质量较低 99
 5.3.2 脱离市场，闭门造车 100
 5.3.3 检查疏忽，内容错误 101

第6章 拍摄录制，学习技巧 103

6.1 拍摄视频，设备选择 104
 6.1.1 智能手机，小白神器 104
 6.1.2 摄像机器，专业水准 105

 6.1.3 单反相机，得力助手 107
 6.1.4 轨道车机，移动辅助 109
 6.1.5 麦克风机，动听音质 110
 6.1.6 无人机航拍，另类角度 111
6.2 构图方式，凸显美感 112
 6.2.1 中心构图，重点突出 113
 6.2.2 前景构图，富有层次 113
 6.2.3 景深构图，效果对比 114
 6.2.4 井字构图，均衡画面 115
 6.2.5 圆形构图，不拘一格 117
 6.2.6 透视构图，立体感强 117
 6.2.7 光线构图，光影艺术 119
6.3 实战技巧，秘诀总结 121
 6.3.1 巧借设备，拍出质感 121
 6.3.2 对象选择，拍出中心 123
 6.3.3 拍摄实践，注意事项 126

第7章 后期制作，完成剪辑 129

7.1 视频剪辑，后期处理 130
 7.1.1 视频处理，进行剪辑 130
 7.1.2 片头片尾，视频设计 134
 7.1.3 使用滤镜，增添氛围 137
 7.1.4 调整色调，光影展示 138
7.2 进阶教程，添加光彩 142
 7.2.1 动画效果，增强观感 142
 7.2.2 合成处理，特色展示 144
 7.2.3 灵魂出窍，玩转花样 146
 7.2.4 制作镜像，反转特效 148

第8章 推荐引流，增加播放 151

8.1 B站推荐，利用运营 152
 8.1.1 视频数据，推荐原则 152

8.1.2 视频标签，领域入口 …… 154
8.2 引流推广，打牢基础 ………… 156
　8.2.1 动态引流，开展互动 …… 156
　8.2.2 活动引流，抓住机会 …… 159
　8.2.3 合作引流，共同进步 …… 160
　8.2.4 站外引流，流量导入 …… 161

第 9 章　运营调整，数据管理 …… 167

9.1 内容运营，数据掌握 ………… 168
　9.1.1 增量趋势，了解账号 …… 168
　9.1.2 视频占比，找准方向 …… 170
　9.1.3 播放情况，内容调整 …… 172
　9.1.4 专栏内容，形式发展 …… 175
　9.1.5 游客画像，目标发展 …… 175
　9.1.6 账号相关，分析提升 …… 177
　9.1.7 综合榜单，对比他人 …… 179
9.2 粉丝管理，定位用户 ………… 184
　9.2.1 活跃粉丝，账号支撑 …… 184
　9.2.2 新增粉丝，活力供给 …… 185
　9.2.3 粉丝来源，探寻用户 …… 186
　9.2.4 粉丝排行，铁杆互动 …… 186
　9.2.5 粉丝画像，了解粉丝 …… 186

第 10 章　个人运营，账号管理 … 189

10.1 个人品牌，建设打造 ………… 190
　10.1.1 诊断现状，发现优势 …… 190
　10.1.2 品牌定位，差异运营 …… 192
　10.1.3 人设塑造，价值导入 …… 193
10.2 粉丝维护，运营管理 ………… 197
　10.2.1 基础情况，针对分析 …… 197
　10.2.2 粉丝细分，分类了解 …… 199
　10.2.3 粉丝运营，核心技巧 …… 200

10.3 加入机构，专业发展 ………… 202
　10.3.1 认识机构，好处所在 …… 202
　10.3.2 机构推荐，抓住机遇 …… 203
　10.3.3 签约细节，避免受骗 …… 206

第 11 章　品牌运营，营销推广 … 207

11.1 内容营销，推广技巧 ………… 208
　11.1.1 官方合作，专业推广 …… 208
　11.1.2 UP 合作，高效选择 …… 210
　11.1.3 账号自营，本土融入 …… 213
11.2 经典案例，学习经验 ………… 215
　11.2.1 小米公司，云发布会 …… 215
　11.2.2 钉钉品牌，放下姿态 …… 217
　11.2.3 一加公司，卖点展示 …… 219

第 12 章　商业变现，实现盈利 … 223

12.1 官方扶持，基础变现 ………… 224
　12.1.1 创作激励，官方奖赏 …… 224
　12.1.2 充电计划，电池转化 …… 224
　12.1.3 绿洲计划，不断探寻 …… 226
12.2 视频广告，高效变现 ………… 226
　12.2.1 冠名广告，直截了当 …… 227
　12.2.2 品牌广告，量身打造 …… 228
　12.2.3 贴片广告，紧随内容 …… 229
　12.2.4 植入广告，形式多样 …… 229
12.3 更多方式，长期变现 ………… 233
　12.3.1 账号融资，侧面突破 …… 233
　12.3.2 直播形式，礼物盈利 …… 234
　12.3.3 电商变现，盈利堡垒 …… 236
　12.3.4 IP 版权，知识转化 …… 238
　12.3.5 课程变现，干货出售 …… 238

第1章
认识B站，UP解析

学前提示

哔哩哔哩（简称B站）作为一种新颖、广受用户喜欢的视频平台，是致力于在新媒体领域取得成就的运营者必须了解的。

本章内容主要集中在两个方面，即B站的发展、头部UP主的分析，从而帮运营者深入了解B站平台。

要点展示

- 了解B站，诞生发展
- 看UP主，内容崛起

1.1 了解B站，诞生发展

哔哩哔哩（简称B站）于2009年6月26日成立。B站作为二次元爱好者的聚集地，长久以来被动漫爱好者们喜欢，也被粉丝亲切地称呼为"小破站"。经过十多年的发展，B站已经不仅仅是当年那个纯属看番的"小破站"了，它已经逐步构建起不断生产优质内容的生态社区。如图1-1所示，为B站平台Logo。

图1-1　B站平台的Logo

1.1.1　B站诞生，弹幕文化

众所周知，B站是通过打造弹幕文化为卖点而广为人知的，弹幕视频逐渐成为B站尤为明显的特点。弹幕的出现不仅提高了普通观众与视频运营者的互动性，还增强了视频内容的趣味性。如图1-2所示，为视频播放界面弹幕的截图。

图1-2　视频播放界面弹幕的截图

弹幕并非B站原创，而是出现于20世纪初军事领域里的战争术语。最开始弹幕从军事领域转移到文化领域也不是出现在视频中，而是出现在一款名为"弹幕射击"的电子游戏上。

直到 2006 年日本二次元网站 Niconico 动画上线，弹幕才开始进入视频领域。如图 1-3 所示，为 Niconico 动画官网首页。

图 1-3　Niconico 动画官网首页

随着这种视频新模式的火热发展，弹幕很快就席卷了全球。在 Niconico 上线一年后，中国最早的弹幕网站 Acfun（简称 A 站）成立了，它为当时用户观看视频带来了全新的体验。

不过由于当时的 A 站管理能力有限，网址是通过 IP 进行访问的，由于 IP 的变化，用户经常无法访问网页。在某次维修了将近 1 个月之久时，为了让 A 站用户有视频看，一名叫 9bishi 的网友便创建了 MikuFans 这个网站，用作 A 站维护时期的网友聚集地，这也是 B 站的前身，当时被称为"A 站的后花园"。

随着时间的迁移，A 站的社区文化发生了变化，运营团队处于混乱期，不知不觉中给了 B 站很大的发展机会。一旦 A 站发生问题，用户就会流入替代品 B 站。久而久之，A 站的先天发展优势渐渐丧失。随着 B 站的乘胜追击，B 站就这样逐渐成为视频弹幕网址的头部品牌。

1.1.2　B 站发展，运营升级

随着 B 站 10 多年来的发展，B 站的 DAU（日活跃用户数量）已经超过了 5100 万人，弹幕总数也超过了 14 亿个。B 站逐渐走向大众，在现在的视频平台里有了更高的用户认知度。

B 站不只定位于二次元爱好者，它如今的受众更加广阔、包容，真正从"小破站"走向了综合型内容平台。在 B 站的 10 多年成长道路上，我们可以发现 B 站发生的改变主要有 3 个方面，如图 1-4 所示。

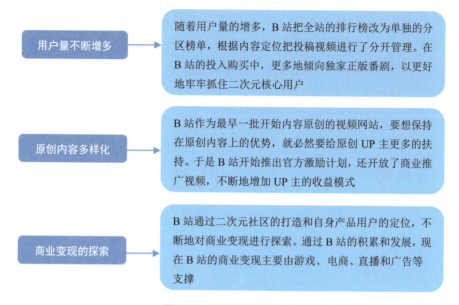

图 1-4 B 站的蜕变之路

迄今为止，B 站所涉及的视频内容越来越广，主要频道有动画、番剧、音乐、国创、舞蹈、游戏、知识、数码、生活等。用户会被这里源源不断的优质内容所吸引，从而成为其忠实用户。

1.2 看 UP 主，内容崛起

UP 主，网络流行词汇，谐音也称"阿婆主"，主要是指在视频网站、论坛等平台上传视频和音频文件的人。B 站当前的目标是朝着年龄跨度更大的用户群体拓展，所以 B 站平台的话题和内容的多元性还需要再升级，于是 B 站近年来汇聚了大量优秀长视频内容生产 UP 主入驻。

如今，UP 主已经成为职业，他们发的每个动态、每个视频图片，都构成了其个人形象和品牌。如果想要更加熟练地进行 B 站的视频运营，对各分区头部 UP 主的了解是必不可少的环节。

下面我们将列举 B 站的主要频道分区的头部 UP 主，通过他们的视频案例带你了解 B 站，进一步认识 B 站的原创生产内容。如有兴趣，读者也可以通过 B 站搜索观看其视频。

1.2.1 美食 UP，敬汉卿等

首先我们来认识 B 站美食区头部 UP 主，感受一下 B 站比较受欢迎的美食视频创作风格。下面主要以敬汉卿、李子柒和"爱做饭的芋头 SAMA"为例进

行分析。

1. 敬汉卿，黑暗料理大挑战

敬汉卿是 B 站的一名吃播 UP 主，什么类型的食物都敢尝试，通过早期的黑暗料理挑战积累了很多粉丝。

敬汉卿成名之后，视频方向开始发展延伸，转向了用独特的方式烹煮食材。随着粉丝的不断积累，敬汉卿现已成为全站粉丝排名第二的 UP 主。他的视频内容特征主要包括 3 个方面，如图 1-5 所示。

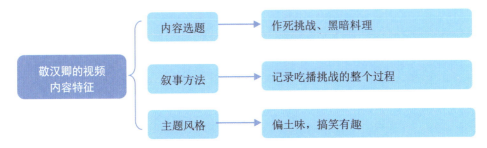

图 1-5 敬汉卿的视频内容特征

尽管这种黑暗料理吃播的方式有博人眼球之嫌，但是敬汉卿凭借自身的正能量，通过维护 UP 主版权、捐献希望小学等一系列事件得到了 B 站用户的认可。如图 1-6 所示，为敬汉卿视频内容截图。

图 1-6 敬汉卿的视频内容截图

2. 李子柒，田园生活美食博主

李子柒为 B 站的知名美食 UP 主，而且在各大平台都拥有视频账号。李子柒的内容素材多是以中华传统美食和传统工艺为主，展现了食物从无到有、从开始种植到加工烹饪的所有步骤。

因李子柒对中华文化的宣传，其在海外也拥有巨大的粉丝量，很多外国网友都是通过李子柒的视频来了解中国文化的。各大媒体都对李子柒的视频做过正面报道，夸赞其对传统文化的贡献，其视频内容特征如图 1-7 所示。

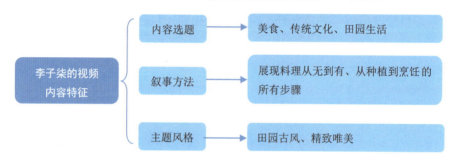

图 1-7　李子柒的视频内容特征

李子柒用视频向人们展示了书中的世外桃源，如养蚕、酿酒、木工、刺绣、造纸和古法美食烹饪等，生动形象地描绘了一幅诗意田园的画卷。李子柒通过对传统文化的弘扬，成功地打造了属于自己的个人品牌。

在商业推广方面，李子柒的账号从运营之初就没有承接过其他品牌的推广，不过后来与公司成立了个人的食品品牌"李子柒"，并利用视频内容来为自身品牌的产品做推广。如图 1-8 所示，为李子柒视频内容截图。

图 1-8　李子柒的视频内容截图

3. "爱做饭的芋头 SAMA"，治愈美食料理

"爱做饭的芋头SAMA"（粉丝常称其为芋头）是B站的一名美食烹饪UP主，致力于研究各种各样的美食烹饪方法。不过芋头这位UP主在美食制作视频里一般只有手或者身体出镜，以及后期她自己对美食制作过程进行的配音解说。

芋头的声音听起来很温柔、舒服，很适合走知性暖心的路线。不过芋头却不爱走寻常路，她热衷于做搞笑的美食解说。很多粉丝评价芋头，看她的视频不仅让自己学会了烹饪美食的方法，还免费观看了一部令人捧腹大笑的小品，其视频内容的特征如图1-9所示。

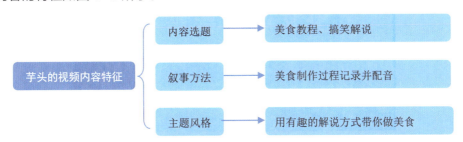

图1-9 芋头的视频内容特征

芋头很会为自己烹饪的美食进行有趣的描述，如"不耍流氓的糖醋里脊""仰望星空的月饼""可以吃的燕麦曲奇杯"等。在芋头的视频里，食物仿佛有了自己的生命和个性，她的视频可以使观看用户在轻松愉悦的氛围下轻轻松松地学做美食。如图1-10所示，为芋头的视频内容截图。

图1-10 芋头的视频内容截图

1.2.2 数码UP，何同学等

接下来我们来认识B站数码区头部UP主，感受一下B站比较受欢迎的数码视频创作风格。下面以"老师好我叫何同学"、科技美学和影视飓风为例进行分析。

1. "老师好我叫何同学"，独特视角切入

在B站的数码区中，汇聚了一大群专业的数码科技测评UP主，其中有很多UP主幕后还不止一个人，而是拥有着专业的测评团队。可就在这样竞争激烈的环境下，何同学作为一名在读大学生，通过自身独特的眼光，单打独斗地在数码区杀出了一片天，其视频内容的特征如图1-11所示。

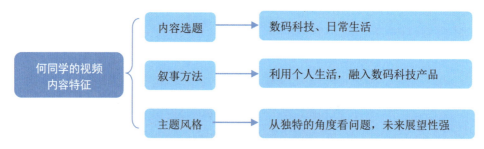

图1-11 何同学的视频内容特征

何同学的视频以叙事为主，创意为辅。他的成名作《有多快？5G在日常使用中的真实体验》，用7分钟向大家展示了5G在生活中的体验，并在视频结尾处通过自己独特的理解思考了5G对社会的意义。如图1-12所示，为何同学视频内容截图。

图1-12 何同学的视频内容截图

2. 科技美学，数码科技测评团队

科技美学是致力于新品数码评测，为消费者购买、使用数码产品提供一些专业的参考意见的 UP 主。他会把专业化的名词用接地气的语言传达给观众，使大家对数码新品的功能参数有更进一步的了解。

科技美学因其幽默诙谐、轻松随意的测评风格，斩获了大批数码区的粉丝。其视频内容的特征如图 1-13 所示。

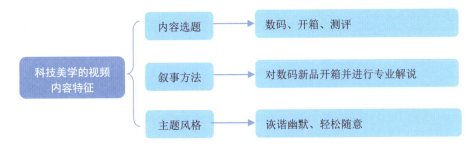

图 1-13　科技美学的视频内容特征

科技美学的节目大致可以分为 3 个部分，即新品测评、数码对比和科技盘点。新品测评主要是对现在各大厂商的新品手机、电脑等进行评测，包括外观手感评价、产品性能评价、实际使用观感、拍照体验等专业测评。数码对比主要是对各大手机、电脑等品牌不同价位的各种机型进行对比测评，让观众更好地了解根据不同预算如何选购适合自己的产品。该类视频因其内容干货量大，抓住了消费者的需求，播放量都很可观。科技盘点主要是每周科技数码圈新闻分享，具有极强的真实性、时效性。如图 1-14 所示，为科技美学的视频内容截图。

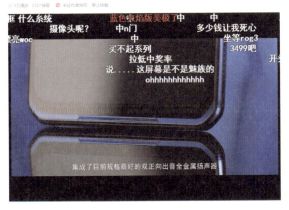

图 1-14　科技美学的视频内容截图

3. 影视飓风，B站画质扛把子

影视飓风在数码区偏重于摄影摄像类内容的创作，主要对影视技术、拍摄器材和独特影像拍摄手法进行讲解。影视飓风制作的视频采用了很多专业影像设备，也是B站最早推出4K内容的UP主，其视频内容的特征如图1-15所示。

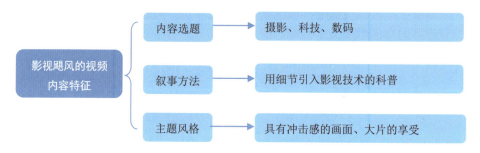

图1-15 影视飓风的视频内容特征

影视飓风的整体风格很安静，它直接用冲击的画面感给观众带来无限惊喜。优秀的画面内容、优秀的视频节奏，再加上优秀的视频混音，即使你对摄影技术不感兴趣，但是看到这不亚于大片的画质，也会忍不住观看。如图1-16所示，为影视飓风的视频内容截图。

图1-16 影视飓风的视频内容截图

1.2.3 生活UP，郭杰瑞等

我们来认识一下B站生活区头部UP主，感受一下B站比较受欢迎的生活视频创作风格。下面以我是郭杰瑞、山下智博和"花花与三猫CatLive"为例进行分析。

1. 我是郭杰瑞，客观正能量 UP 主

郭杰瑞原本是一名美食 UP 主，一开始拍的大多是在中国、美国的吃喝玩乐之旅，例如在纽约评分最差的餐厅用餐、美国人在家怎么做芝士、在中国时试吃的贵州牛瘪火锅等。

国内很多网友通过他的视频来了解美国的情况。当美国爆发"弗洛伊德跪杀案"后，郭杰瑞连作了 3 期视频，向大家解释事件爆发的原因和当地美国群众的想法。因为其视频内容选材优秀，让郭杰瑞的视频火爆全网，其视频内容的特征如图 1-17 所示。

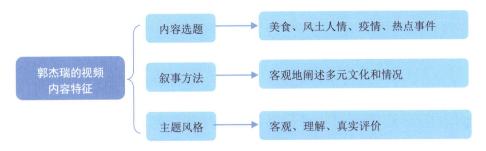

图 1-17 郭杰瑞的视频内容特征

郭杰瑞的视频内容中，基本都会客观地告诉用户他自己看到了什么。现在很多用户会通过网络来获取信息，公正客观地呈现信息是媒体的责任，而判断应交给受众自己，郭杰瑞的视频在这一点上处理得很好。如图 1-18 所示，为郭杰瑞的视频内容截图。

图 1-18 郭杰瑞的视频内容截图

2. 山下智博,绅士大概一分钟的日本人

山下智博的视频内容主要立足于中日文化的交流,他的老牌综艺《绅士大概一分钟》深受网友喜欢。山下智博除了通过搞笑的方式让大家了解日本文化以外,还深入中国各地体验当地的风土人情。

山下智博凭借个人有趣的魅力,被网友称为"在中国第二有名的叫山下的人",其视频内容的特征如图1-19所示。

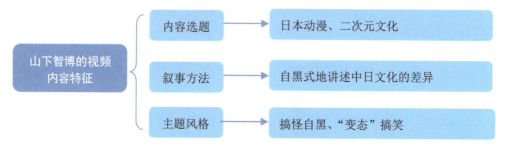

图1-19 山下智博的视频内容特征

山下智博在搞笑的外衣下,严谨地表达了自己国家的文化精髓,把真实的日本展示给中国观众,例如,日本夫妻离婚原因有哪些,因疫情没有旅客的北海道情况等。如图1-20所示,为山下智博视频内容截图。

图1-20 山下智博的视频内容截图

3. "花花与三猫CatLive",最可爱的一家

"花花与三猫CatLive"是B站的一名养猫UP主。花花是家里的男主人,主要负责视频的拍摄和后期制作,出镜较少。三猫是家中的女主人,主要负责管

理小猫咪，并出镜和小猫咪们互动。花花与三猫一共养了 5 只小猫咪，分别是老大中华田园奶牛猫"中分"、老二英短银渐层"李白"、老三英短起司"杜甫"、老四曼基康"陈皮"（又名猪皮）、老五曼基康"年糕"。

"花花与三猫 CatLive"通过猫咪可爱有趣和精致舒适的视频画面，一直以来深受广大云吸猫群体的喜爱，其视频内容的特征如图 1-21 所示。

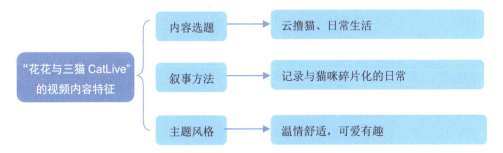

图 1-21　"花花与三猫 CatLive"的视频内容特征

花花、三猫与猫咪们的亲密互动让很多人羡慕。观看"花花与三猫 CatLive"的视频，在云撸猫的同时，还可以了解养猫小常识，让养猫新人学到很多技巧。再加上三猫的十级猫语，让镜头下的日常变得温情而又暖心。如图 1-22 所示，为"花花与三猫 CatLive"的视频内容截图。

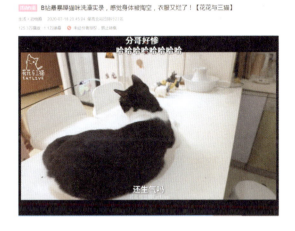

图 1-22　"花花与三猫 CatLive"的视频内容截图

1.2.4　游戏 UP，老番茄等

最后我们来认识一下 B 站游戏区头部 UP 主，感受一下 B 站比较受欢迎的游戏视频创作风格。下面以老番茄、敖厂长和纯黑为例进行分析。

1. 老番茄，B 站排行第一的 UP 主

老番茄是目前 B 站总排行榜上粉丝量第一的 UP 主，也是第一位粉丝破千万的 UP 主。老番茄从初中开始就成为一名 UP 主，到如今已经是复旦大学的研究生。老番茄的视频内容以游戏解说为主，他用电影化的叙述方式对游戏进行全新解析，其视频内容的特征如图 1-23 所示。

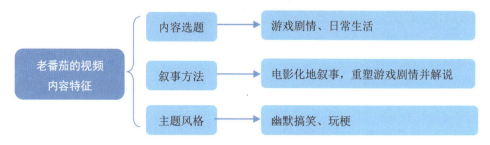

图 1-23　老番茄的视频内容特征

老番茄开创了游戏剧情编导的内容创作模式，讲解游戏时会改编原有的剧情，以另外一种视角切入。就算再恐怖的游戏剧情，也会变得滑稽无厘头，给观众带来不一样的体验。如图 1-24 所示，为老番茄视频内容截图。

图 1-24　老番茄视频内容截图

2. 敖厂长，强势回归 B 站

如果问游戏区的榜首位置哪位 UP 主坐的时间最长？非 UP 主敖厂长莫属，其霸榜时间长达 8 年。早在 2018 年，敖厂长的粉丝数就达到了 350 万，成为

当时 B 站当之无愧的第一 UP 主。两年后，敖厂长的粉丝数量也翻了一倍，达到了 700 万。

在这段时间里，敖厂长的 B 站发展其实也有停缓的时候。2019 年敖厂长转战西瓜视频平台，并与其签下了战略合约，在 B 站虽仍有视频更新，但更新频率却降低了很多。不过出走 B 站后，在享有头条系巨大的资金流量支持的情况下，敖厂长的视频播放量和粉丝量并没有得到进一步提升，甚至还有退步趋势。

于是兜兜转转，敖厂长在 2020 年 7 月还是决定重回 B 站。敖厂长深耕游戏十余年，在游戏区已是块活招牌，其视频内容的特征如图 1-25 所示。

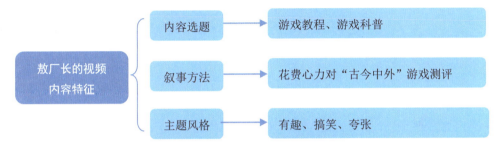

图 1-25　敖厂长的视频内容特征

敖厂长自称"成都养鸡二厂名誉厂长"，其视频椒盐味十足的"川普"和麻辣搞笑的风格，让无数网友大呼过瘾。敖厂长很会视频后期制作，搭配自己能说会道的口才，制作出来的视频质量都很高，其最出名的"囧的呼唤"系列更是深受网友喜爱。如图 1-26 所示，为敖厂长的视频内容截图。

图 1-26　敖厂长的视频内容截图

3. 纯黑，攻略向解说 UP 主

纯黑，B 站知名游戏视频攻略解说，因其独特迅猛的游戏攻略、炫酷的解说方式和优秀的视频制作，深受 B 站游戏区粉丝的喜爱。纯黑的视频内容主要分为攻略方面和娱乐方面两个部分，以攻略为主、娱乐为辅。

攻略方面的视频内容技术过硬、走位灵活，并且对游戏解说的把握度很好。对于纯潜入类游戏，纯黑就会用话痨模式来消除视频的恐怖感，增强观看体验；对于剧情方面的游戏，解说内容则围绕游戏背景和操作展开，讲解剧情时不废话。纯黑的视频内容特征如图 1-27 所示。

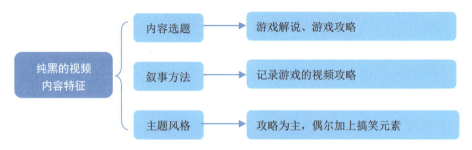

图 1-27 纯黑的视频内容特征

纯黑的游戏技术水平很不错，视频大多是往游戏攻略这个方向走（有的难关需要练习上百遍，还要分析每种武器的优劣势，分析不同的打法和如何最快找到隐藏关卡），吸引了不少观众。如图 1-28 所示，为纯黑的视频内容截图。

图 1-28 纯黑的视频内容截图

第 2 章
选择 B 站,红利之处

学前提示

随着"两微一抖"的发展,个人或品牌如果想要做视频运营,该如何去选择平台呢?

本章内容主要集中在 4 个方面,告诉你为什么要选择 B 站和 B 站的红利在哪里。

要点展示

- B 站破圈,数据增长
- 各个领域,全面发展
- UP 管理,优质运营
- B 站平台,其他优势

2.1　B 站破圈，数据增长

我们的目光为什么要投向 B 站，对于个人或企业来说，B 站的红利在哪里？

B 站已经不是当初那个定位为二次元的弹幕网站。它现在的定位是面向广大年轻人的综合性文化内容社区。B 站现在每月的弹幕、评论等互动量达到 25 亿次，已经名副其实地成为年轻人的兴趣聚集地。

2.1.1　数据增长，发展迅速

从 2020 年 1 季度的财报来看，2020 年 1 季度的 B 站又迎来了极具突破性的产品用户增长。

在该季度里，用户活跃度得到进一步提升。月均活跃用户达 1.72 亿，移动端月均活跃用户达 1.56 亿，同比增长分别为 70% 和 77%，日均活跃用户再创新高至 5100 万，同比增长 69%。如图 2-1 所示，为 2020 年 1 季度 B 站用户增长量情况。

图 2-1　2020 年 1 季度 B 站用户增长量情况

与此同时，和 B 站用户量齐头并进的还有 B 站用户黏度、生态社区氛围。在该季度里，用户日均使用时长 87 分钟，环比增长 10 分钟。日均视频播放量达 11 亿次，月均互动数达 49 亿次，分别同比增长 113% 和 260%。如图 2-2 所示，为 2020 年 1 季度 B 站用户使用情况。

还有社区的核心群体正式会员，也就是通过社区考试的正式会员已经达到 8200 万，同比增长 66%，并且正式会员一年之后的留存率也超过了 80%。如图 2-3 所示，为 2020 年 1 季度 B 站"正式会员数"财报。

在 2020 年的开篇，B 站就交出了一张成绩优异的答卷。B 站总营收达

23.2亿元,同比增长69%,收入由游戏业务、增值服务业务、广告业务、电商及其他收入构成。

图2-2 2020年1季度B站用户使用情况财报

图2-3 2020年1季度B站"正式会员数"财报

游戏业务收入11.5亿元,同比增长32%;增值服务业务收入7.9亿元,同比增长172%;广告业务收入2.1亿元,同比增长90%;电商及其他业务收入1.6亿元,同比增长64%。

2.1.2 Z世代人,B站聚集

"Z世代"这一名词是来源于美国、欧洲等西方国家和地区的流行用语。Z世代主要指的是1990年到2009年之间出生的群体,也泛指从出生就开始接触互联网,与智能数码科技一起成长的这一代人。

根据B站官方发布的《B站2020年营销通案》来看,中国的Z世代人群达到了3.28亿,占总人口的23%。在人口数量红利日趋减弱的今天,Z世代人作为未来主要的生产力和消费力,为市场添加了活力。如图2-4所示,为我国Z世代人口规模。

图 2-4　我国 Z 世代人口规模

而对于定位综合性文化社区的 B 站，根据相关数据显示，其中绝大部分用户属于"Z 世代"。在他们当中，既有追番、看剧的二次元用户，也有热衷于数码科技、美食制作、美妆教程的年轻爱好者。这类人群普遍愿意去交流、互动，这也成为 B 站用户的中流砥柱，和 UP 主们形成正相关的关系。

2.1.3　破圈推广，多维合作

随着 B 站的定位改变，B 站的破圈之路飞速发展。2020 年 4 月，B 站宣布获得索尼的战略投资，双方将进一步在动画、游戏等领域达成业务合作。如图 2-5 所示，为 B 站与索尼合作的宣传图片。

获索尼 4 亿美元战略投资

bilibili × SONY

图 2-5　B 站与索尼合作的宣传图片

B 站的破圈之路还不止于此，它下面存在的一大群 UP 主也在不断地破圈。根据 B 站 2020 年 1 季度的财报数据显示，B 站月均活跃 UP 主及其投稿量分别同比增长 146% 和 138%，拥有万粉以上 UP 主数量同比增长 82%。如图 2-6 所示，为 2020 年 1 季度 B 站 UP 主数据财报。

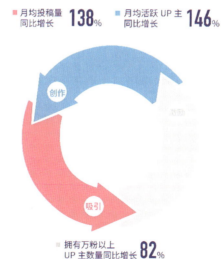

图 2-6　2020 年 1 季度 B 站 UP 主数据财报

　　B 站通过长期以来在内容生产和生态社区等方面的不断完善，已经成为年轻用户生产和消费优质视频内容的首选。B 站在不断发展的道路上，一直加强综合化的建设，提升其商业化的能力，从而推动营收的增长和用户量的不断提高。

2.2　各个领域，全面发展

　　B 站平台向着各领域全方位地发展，为 B 站带来了巨大的流量和发展潜力。目前的 B 站已经从最开始的二次元社区逐步拓展，成为一个综合化的生产优质内容社区。其发展的内容主要体现在 4 个方面，如图 2-7 所示。

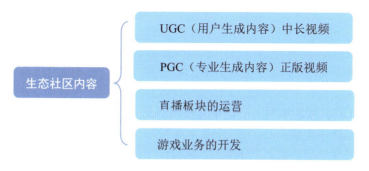

图 2-7　B 站生态社区内容

　　下面将从这 4 个方面分析 B 站的发展，带你了解选择 B 站的原因，以及 B 站的潜力。

2.2.1 中长视频，拓展延伸

随着现代人们碎片化的时间增多，短视频、中长视频的发展应运而起。在短视频领域，已有抖音、快手等平台占据霸主地位。而在中长视频领域，B站一直处于头部位置。目前B站用户数量已经达到了一定规模，并且还在快速增长中，其创建的生态社区也是无法复制的。

B站一直没有懈怠，在UGC中长视频领域一直拓展延伸，下面从两个方面研究B站的UGC中长视频领域。

1. 不断破圈，飞速提升

随着B站的不断破圈，B站的各频道内容都有了快速提升。优质的社区氛围和较高的粉丝黏性吸引了一大批优秀的内容生产者，而随着优秀内容生产者的到来，B站的内容更加多元化，用户数量也随之提升。如图2-8所示，为B站网页的频道。

图2-8 B站网页的频道

由于B站本身的生态社区完善，粉丝黏性强，头部UP主的迁移成本极高。例如，2019年敖厂长转战西瓜视频，重新运营账号，结果并不理想。

因此，B站的竞争平台如果没有给出很好的资源条件，很难从B站挖走头部UP主。B站拥有大量的UP主为其源源不断地生产内容，这种优质的创作生态氛围也是B站面向大众的金字招牌。

2. 竞争对手，优势分析

由于B站的二次元垂直领域在各大视频平台一路领先，以及B站正在逐步从二次元弹幕视频网向综合性的视频社区转变，所以与B站之前相似的二次元弹幕网站如AcFun、第一弹等二次元垂直领域产品已经不再是其主要竞争对手。

现在在UGC视频领域，B站的主要竞争对手是西瓜视频。不过目前西瓜视频的社区生态还不完善。

西瓜视频虽然有头条系的流量扶持优势，但是平台的生产社区氛围不浓厚，其用户的互动欲望远远小于内容的消费欲望，并且与内容创作者的黏性不强，与B站还有很大差距。如图2-9所示，为西瓜视频首页。

像敖厂长一样的职业UP主，他们更多考虑的是可持续发展，但是西瓜视频还无法达到，这也是敖厂长最终回归B站的原因。在B站只要创造出好内容，创作者就可以得到反馈。

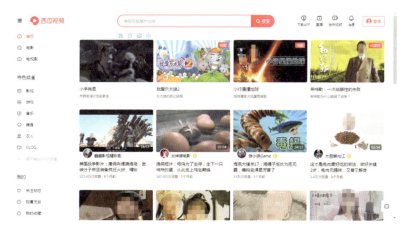

图 2-9 西瓜视频首页

B 站的优势就在于其完善的创作生态和浓厚的社区氛围，由弹幕、评论、点赞、投币和收藏所形成的一系列环节，已经成为 UP 主的创作动力之一。

2.2.2 番剧漫画，正版引入

B 站主要投资的 PGC 领域是番剧和漫画领域，B 站在海外已经购买了大量的正版动漫资源版权，俨然成为国内第一大二次元基地。但是在生产内容越发丰富的今天，B 站如今不光在 UGC 中长视频里破圈，同样也在 PGC 正版视频里破圈。

在巩固内容基础的同时，B 站还在 PGC 领域进行大力挖掘。它不仅引进了大量正版番剧漫画，还投入到动画、纪录片等内容的联合制造中。如图 2-10 所示，为 B 站优质原创 IP 内容的打造。

图 2-10 B 站优质原创 IP 内容的打造

近年来，B 站在内容的储备、IP 积累、创作团队方面不断蓄力。B 站对国创动画进行了大力投入，在 2021 年即将推出的国创动画就包括 40 余部，如《凡人修仙传》《三体》等。

B 站不断发展原创 IP，进行其全产业链的商业变现。其中，国创区上线的国产原创动画《仙王的日常生活》，已经收获 29 天播放量破亿的好成绩。如图 2-11 所示，为 B 站国创动画《仙王的日常生活》。

图 2-11　B 站国创动画《仙王的日常生活》

2.2.3　直播板块，内容发展

直播是现在互联网平台上一种比较常见的流量变现形式，特别是在社区性比较强的产品内容上。在这类产品里，因为普通用户和内容创作者的黏性更强、关系更加密切，普通用户对内容创作者有更多了解，这样的直播才能发展起来。

前面我们就提到过 B 站是一个社区氛围浓厚、用户黏性强的平台。对于直播这么匹配的内容形式，B 站当然不会错过。如图 2-12 所示，为 B 站转播《英雄联盟》画面。

图 2-12　B 站转播《英雄联盟》画面

B 站为了打响直播平台，一方面把 B 站资源向直播方面倾斜，开设了更多的直播入口，引导用户进入直播；另一方面，先后签下其他直播平台的头部主播，还买下了 3 年的《英雄联盟》中国直播代理权。

B 站的目标很明确，通过这样的大阵势行为，让大家知道 B 站开始了直播业务。就算在这项直播板块上没有达到预期的收益，但是通过直播板块引入了大量的用户流量，也可在后期转化为自身产品的用户。

2.2.4 游戏业务，商业开发

B 站的兴起是因其二次元社区的构建和发展，但是二次元领域的发展有限，其针对的目标用户、商业空间只有那么大。B 站的商业破圈需要从多领域进行内容开拓，而游戏领域就是很好的商业开发机会。

B 站的主游戏业务运营模式主要包括自研、独代（独家代理）和联运这 3 种模式。自研是指游戏的研发，也就是游戏的生产厂商；独代是指游戏的发行，也就是游戏的经销商；联运是指游戏的下载渠道，也就是各大应用商店、下载平台。

通过 Fate/Grand Order 等游戏的运营，给 B 站带来了巨额的现金回报。目前 B 站的自研游戏已经有一款《神代梦华谭》，独代联运的游戏已经高达数百部。B 站的游戏品类从单一的二次元游戏开始不断泛化，逐渐成为 B 站的商业开发支撑。如图 2-13 所示，为 B 站网页的游戏频道界面。

图 2-13　B 站网页的游戏频道界面

游戏业务的开发是 B 站开发商业版图的重要部分，也正是因其游戏业务的开发，才促进了 B 站的上市。B 站的商业开发还在不断努力探索之中，它的商业板块不断扩大，能更好地为 UP 主带来更多的资金和流量扶持，这对 B 站和 UP 主来说无疑是共赢的。

2.3　UP 管理，优质运营

　　B 站的破圈之路仍在继续，多领域的模式给了 B 站巨大的流量，也同样给了 UP 主更多的机会。B 站按照粉丝基数对 UP 主进行了划分管理，粉丝量在 10 万以下的为底部 UP 主，粉丝量为 10 万到 100 万的为中层 UP 主，粉丝量在 100 万以上的为头部 UP 主。

　　B 站根据 UP 主的阶层，采取不同的管理和扶持方法，促使 UP 主能在 B 站更好地创作出优质的内容。

2.3.1　底部 UP，培训提升

　　B 站的核心内容就是 UGC 中长视频，针对刚上手的萌新 UP 主，B 站的主要态度是给予帮助和扶持。因为普通用户刚开始生产 UGC 视频时是有一定难度的。

　　为了降低用户的生产门槛，提高 UP 主的生产热情，B 站在作者的"创作中心"中开设了"创作学院"。如图 2-14 所示，为 B 站创作学院界面。

图 2-14　B 站创作学院界面

　　UP 主可以通过创作学院系统地学习视频创作、账号运营等培训课程，还可以根据培训视频更好地为自己的账号定位，不断地提升个人的创作力。

　　为了刺激新晋 UP 主群体，使之能创造出高质量的视频内容，得到更快的成长提升，B 站还开展了"新星计划"。通过激励促使 UP 主生产出更高质量的视频内容。以优质的视频内容来获得更大的数据流量，收获更多的粉丝数量，最终让 UP 主在 B 站收获归属感和成长。

　　"新星计划"的参加条件是有限制的，UP 主的粉丝量需要在 5 万以下才能报名。B 站会根据投稿视频的内容质量、数据表现、观众喜爱度这 3 个方面进行

筛选评比，最终评出 100 个优秀作品。获奖作品可得到 B 站最高 40 万元奖金和千万推广流量。如图 2-15 所示，为 B 站"新星计划"活动界面。

图 2-15　B 站"新星计划"活动界面

2.3.2　头部 UP，深度捆绑

头部 UP 主作为 B 站生产内容的顶端，拥有固定的创作模式，也拥有稳定的粉丝基础，B 站会通过艺人化的运作方针来捆绑头部 UP 主。

B 站主要是签定绑定合约，增加流量资本倾斜，打通头部 UP 主的上升路径，帮助其更好地实现商业变现。如图 2-16 所示，为敖厂长和 B 站签署的 5 年合约新闻。

图 2-16　敖厂长和 B 站签署的 5 年合约新闻

2.3.3　UP 激励，提升关系

B 站为了打造好其生态社区，对 UP 主及其在 B 站的运营尤为关心。B 站举办了"BILIBILI POWER UP 100 2019年百大UP主"颁奖典礼,评选出了各分区努力优秀的内容创作者,通过荣誉表彰来提升UP主的群体荣誉感和行业影响力。

如图2-17所示,为"BILIBILI POWER UP 100 2019年百大UP主"晚会宣传图片。

图2-17 "BILIBILI POWER UP 100 2019年百大UP主"晚会宣传图片

就算无法入选百大UP主,也不用灰心。B站会关注每一位UP主的成长,当你有一定进步时,也会获得荣誉和奖励。

在B站收获1万粉丝时,会获得B站官方发送的一封恭贺信;在B站收获10万粉丝时,会获得一枚小银牌;在B站收获100万粉丝时,会获得一枚小金牌。如图2-18所示,为某UP主获得的小银牌。

图2-18 某UP主获得的小银牌

得到奖牌后,不少UP主会对获得的奖牌进行视频拍摄,这份B站给的荣耀感，激励了很多 UP 主进行内容创作。

除此之外，B 站为更进一步地激发 UP 主的创作欲望，还安排了很多商业变现途径，主要有创作激励、充电计划、悬赏计划和花火平台。

2.4 B 站平台，其他优势

无论是 B 站的用户数据增长，还是其平台的发展和 UP 主的待遇，都是现在个人或者平台很好的选择。随着 B 站的发展，越来越多的团队在打算发力视频领域内容时，都会把 B 站作为备选之一。

那么 B 站是否真的值得投入去做呢？在 B 站是否可以获得粉丝的增长？又是否能积累到自己的用户群？是否能从中达到商业引流？下面我们将从这几个维度再来剖析一下 B 站。

2.4.1 内容优质，涨粉迅速

前面我们已经通过 B 站的各领域破圈了解到，B 站拥有巨大的流量入口，那我们刚开始入驻 B 站时，涨粉的难度又是怎么样的呢？我们先从几个 B 站头部 UP 主的数据来看看。如图 2-19 所示，为 UP 主的主页相关界面。

图 2-19 UP 主的主页相关界面

截至 2020 年 5 月，巫师财经 UP 主只发布了 14 个视频，粉丝数却已经达到了 303 万多。而罗翔说刑法 UP 主的视频起步时间很晚，在 2020 年 3 月 9 日才投稿了第一个视频，但是他只用了 4 个月的时间就让粉丝数达到了 812.9 万。

这两个 UP 主一个投稿少，一个起步晚，这是他们的不同之处，但粉丝增长速度都很快，我们通过寻找他们的共同点可以发现，他们在各自的视频领域，视频内容都是非常优质的。

像微信公众号这种纯订阅的平台，只能靠分享内容来获得流量；微博这种以饭圈为主的流量平台，只有人气明星才能得到更多的数据流量。没有好的平台，即使精心制作的内容可能也没人看见,但是在 B 站,只要能创作出高质量的视频内容,就不会被埋没,粉丝量也会出现快速增长。

2.4.2 粉丝活跃,黏性较强

随着 Z 世代年轻人的崛起,Z 世代逐渐成为品牌竞争必夺的新势力。Z 世代年轻人的喜好该怎样了解?如何真正做到 Z 世代的投其所好?

B 站用了 10 多年的时间来打造内容布局,建设生态社区,把"Z 世代乐园"作为 B 站的品牌营销发力点。如图 2-20 所示,为 B 站十年生态布局。

图 2-20 B 站十年生态布局

根据 B 站官方发布的《B 站 2020 年营销通案》,Z 世代网民在中国网民占比超 41%,而 B 站又是 Z 世代年轻人最热爱的视频平台之一,这让 B 站的发展潜力变得不可限量。如图 2-21 所示,为 Z 世代年轻人消费投入特点。

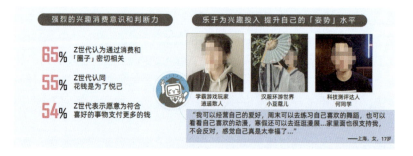

图 2-21 Z 世代年轻人消费投入特点

B站的产品扎根于Z世代年轻人的消费内需，B站为此群体不断地发展自身的产品功能和服务。相关数据显示，每4位年轻人就有1位在B站，Z世代年轻人的聚集也成为B站用户黏度更高的原因之一。

在同一个账户、视频质量差不多的情况下，视频播放互动很少会出现差异很大的情况，可以积累稳定的粉丝群体。

2.4.3 品牌广告，商业潜力

B站的视频商业模式和优酷、爱奇艺等传统互联网视频的商业模式有很大的不同。为了增强普通用户对视频内容浏览的良好体验感，B站从创立之初就砍掉了视频播放前的广告片段。

B站抛弃了在视频前插广告的做法，那么B站对于品牌方的广告投入如何处理呢？下面将通过几个方面讲述B站独有的商业开发潜力。

1. 品牌内容，定制活动

对于来到B站的大型品牌方的营销推广，B站一般会采取开设相关品牌活动的方式。主要形式是在B站的主页等位置对活动进行大范围的流量曝光，通过这样的方式吸引大家去了解品牌。同时还会联合UP主进行品牌内容专题植入，打造全站级话题。如图2-22所示，为定制活动全方位承载品牌推广。

图2-22 定制活动全方位承载品牌推广

UP主根据活动创作主题生产视频，与B站合作插入品牌的相关内容，还可以得到不错的商业广告收益。

而品牌方也可以借此积累品牌的人气和影响力，通过视频内容的软广来实现产品的转化，还能为品牌沉淀优质的内容资产。如图2-23所示，为奥利奥在B

站的品牌营销推广。

图2-23 奥利奥在B站的品牌营销推广

2. 产品界面，全面曝光

对于迅速发展的B站，对接的商业广告资源越来越多，势必需要在B站平台开放更多的广告位来满足需求。但是在B站建立广告渠道的同时，如何让用户接受广告呢？这是一个难题。Z世代的成长环境使身处其中的年轻人更容易接纳品牌广告，但同时广告对这些年轻人的吸引力也大大降低了。

Z世代年轻人并不排斥品牌传达的信息，但是在意其传达的形式。B站通过不断摸索，在这一点上做得很好。在软件平台开屏界面投放广告，大尺寸霸屏，第一眼占据用户视野。如图2-24所示，为投用户所好的品牌开屏广告。

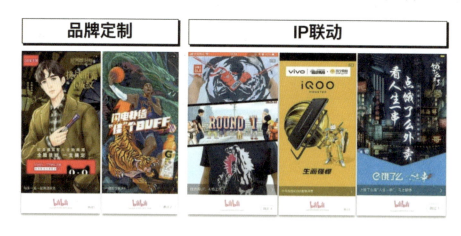

图2-24 投用户所好的品牌开屏广告

除此之外，在不影响用户平台使用体验的情况下，B 站在各大圈层的核心位置添置了广告位，且广告支持内链外链，如果用户感兴趣，可以更进一步了解。如图 2-25 所示，为 B 站分区焦点图。

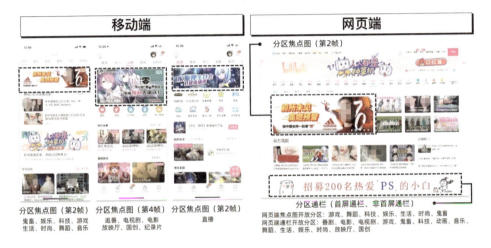

图 2-25　B 站分区焦点图

具体来说，B 站对于小型品牌商的广告渠道主要有焦点图的曝光、投放信息流，还有 UP 主合作生产内容类广告等。值得一提的是，B 站的广告还会对用户进行个性化推荐，从而达到更高的经济效益。如图 2-26 所示，为 B 站个性化推荐。

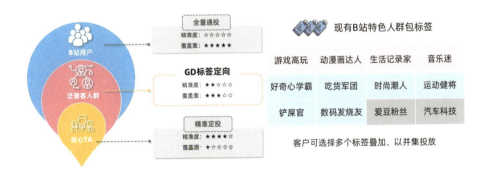

图 2-26　B 站个性化推荐

B 站的广告投放模式，不仅促成了品牌方与 B 站的合作双赢，还提高了 UP 主们生产内容的动力。品牌方收获了产品的转化和品牌知名度，B 站收获了更多的商业变现，而 UP 主则收获了来自广告投放的收入。

第 3 章
内容分区，账号定位

学前提示

通过前两章的学习，我们对 B 站的发展、领域、业务和头部 UP 主有了一定的认识。

本章将通过 B 站现有的主要频道分区，带你了解 B 站的内容表现形式，也为你找准以后在 B 站的账号定位方向。

要点展示

- B 站分区，创作原则
- 账号定位，4 维角度

3.1 B站分区，创作原则

B站是一个多元化的平台，UP主在这个平台上不仅可以视频投稿、进行直播，还可以像微信公众号一样发布专栏文章。B站按照内容性质建立了很多频道分区。在每个频道分区里，都有着不同的创作原则。下面我们将会详细地介绍B站重要分区，读者也可以看看自己对哪个分区频道感兴趣。

3.1.1 动画分区，二次创作

B站将动画分区分为全部、MAD-AMV（具有一定制作水准的动画二次创作）、MMD·3D（使用MikuMikuDance等软件制作的视频）、短片·手书·配音、手办·模玩、特摄（以特摄片为素材进行二次创作的视频）、综合等栏目。图3-1所示，为B站动画分区频道。

图3-1 B站动画分区频道

B站之前的定位就是二次元文化基地，虽然现在已经朝着综合性文化社区转变，但这个分区的内容仍然散发着活力，在每日更新的视频内容中，该分区的内容也比较多。

3.1.2 番剧分区，动画内容

番剧分区可以分为全部、连载动画、完结动画、资讯（与动画资讯相关的内容）、官方延伸、番剧时间表、番剧索引等栏目，其内容的主要来源为B站官方对番剧资源的正版购入。图3-2所示，为B站番剧分区频道。

图 3-2　B 站番剧分区频道

3.1.3　音乐分区，曲目专辑

在 B 站上传音乐专辑类视频时可以"分 P"上传，"分 P"这个词就是 B 站创造出来的。简单来说，它指的是音乐专辑类视频支持分集上传，不过现在"分 P"也逐渐用到了其他分区频道。图 3-3 所示，为"分 P"上传的音乐视频。

图 3-3　分 P 上传的音乐视频

音乐分区可以分为全部、原创音乐、翻唱、VOCALOID-UTAU（以 VOCALOID 和 UTAU 引擎为基础，运用各类音源进行的音乐歌曲类创作视频）、电音、演奏、MV、音乐现场、音乐综合等栏目。如图 3-4 所示，为 B 站的音乐分区频道。

图 3-4　B 站音乐分区频道

3.1.4　国创分区，国产原创

国创分区主要分为国产动画、国产原创相关（包含以国产动画、漫画、小说为素材的相关二次创作内容）、布袋戏、动态漫·广播剧（包含国产动态漫画、有声漫画、广播剧）和资讯（包含国产动画和漫画资讯、采访、现场活动的视频）等栏目。如图 3-5 所示，为 B 站的国创分区频道。

图 3-5　B 站国创分区频道

B 站国创分区投稿要求如下。

（1）封面不能涉及成人向素材，二次创作作品简介中请注明 BGM 和使用素材。

（2）练习作品和没有完整剧情的毕业作品，都不属于国创分区内容，可以根据内容投至其他分区。

3.1.5 舞蹈分区，教程翻跳

舞蹈分区主要发布与舞蹈相关的内容，包括练习室、舞蹈 MV、翻跳、即兴、杂谈等。它主要分全部、宅舞、街舞、明星舞蹈、中国舞、舞蹈综合、舞蹈教程等栏目。如图 3-6 所示，为 B 站的舞蹈分区频道。

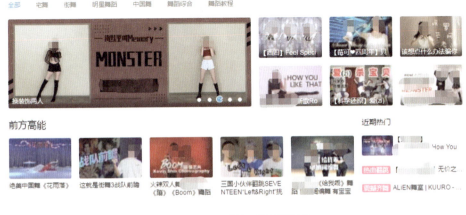

图 3-6　B 站舞蹈分区频道

UP 主在舞蹈分区投稿时，需要注意以下问题。

（1）B 站官方建议视频标题采用"【作者】曲名 / 编曲名"的格式。

（2）视频中不能出现露内裤等低俗内容。

（3）live 录制内容一律分类为转载，有 UP 主自己参与的例外。

（4）自制稿件建议在简介中给出舞者名、社团名、曲目名等信息。

（5）转载的舞蹈稿件需注明原作者和地址。

（6）二次创作的舞蹈内容，B 站官方建议 UP 主贴出原作链接。

3.1.6 游戏分区，休闲竞技

游戏分区支持投稿的内容有单机游戏视频、网络游戏视频、电子竞技视频、手机游戏视频、桌游棋牌视频、MUGEN 游戏视频（MUGEN 是一款由美国的 Elecbyte 小组使用 C 语言与 Allegro 程序库开发的免费的 2D 格斗游戏引擎）、GMV 视频（有游戏素材制作的 MV 视频）等。

UP 主打开游戏区即可看到，B 站根据投稿内容将游戏区细分成了全部、单机游戏、电子竞技、手机游戏、网络游戏、桌游棋牌、GMV、音游、Mugen 等栏目。如图 3-7 所示，为 B 站的游戏分区频道。

图 3-7　B 站游戏分区频道

此外，UP 主还需要了解游戏区的相关要求。
（1）禁止出现利用外挂或漏洞进行游戏的内容。
（2）禁止公布游戏外挂、漏洞和修改教程。
（3）禁止出现网游私服宣传信息。
（4）禁止在他人 GMV 视频上进行第 3 次剪辑。
（5）禁止投稿 18 禁游戏内容。

3.1.7　知识分区，万象百科

知识分区是 B 站新增的一个区，它主要分为全部、科学科普、社科人文、财经、校园学习、职业职场、野生技术协会（技术展示或技能教学视频）等栏目。如图 3-8 所示，为 B 站的知识分区频道。

图 3-8　B 站知识分区频道

3.1.8 数码分区,测评科普

数码分区主要是发布与数码产品相关的内容,主要有全部、手机平板、电脑装机、摄影摄像、影音智能等栏目。如图 3-9 所示,为 B 站数码分区频道。

图 3-9　B 站数码分区频道

3.1.9 生活分区,各类日常

生活分区主要可以分为全部、搞笑、日常、美食圈、动物圈、手工、绘画、运动、汽车、其他栏目。如图 3-10 所示,为 B 站的生活分区频道。

图 3-10　B 站生活分区频道

UP 主在生活区投稿绘画内容时需要注意以下问题。

(1) UP 主投稿的绘画类型可以包括原创、同人、二次创作等,同时 B 站官方也允许 UP 主搬运和转载。

（2）如果 UP 主所上传的绘画作品是临摹作品，那么 UP 主需要在标题上注明"临摹"。

（3）绘画图严禁 UP 主将盗图标为自制。

（4）本区不接受非绘图类作品（如摄影作品、游戏视频等）。

（5）二次创作的绘画作品 B 站官方建议标明原作者和出处。

3.1.10 鬼畜分区，音频调教

鬼畜视频指的是以音频调教创作为主体的二次创作视频。除鬼畜剧外，它要求视频的素材创作和背景音乐有节奏同步。

鬼畜分区是 B 站最古老的一个内容区，也是目前 B 站比较火爆的分区之一。其鬼畜视频内容一般可以分为全部、鬼畜调教、音 MAD、人力 VOCALOID、教程演示等栏目。如图 3-11 所示，为 B 站的鬼畜分区频道。

图 3-11　B 站鬼畜分区频道

UP 主在鬼畜分区投稿时，需要注意以下问题。

（1）以 B 站作为运营爆破素材的视频，暂不予通过。至于 B 站以后是否改变此规则，请 UP 主们密切关注 B 站官方动态。

（2）对素材中的人物进行恶意诋毁和过分侮辱的视频，暂不予通过。至于 B 站以后是否改变此规则，请 UP 主们密切关注 B 站官方动态。

（3）UP 主使用他人音源与任意影像进行合成的视频，原创成分太低，不能算自制视频。

（4）转载自国外网站的鬼畜视频，UP 主必须填写正确的视频源地址。

（5）转载自国内网站的鬼畜视频，UP 主必须提供视频原标题、原作者与正确的视频链接。

（6）非鬼畜区作品请 UP 主投往正确的内容区。

3.1.11 时尚分区，美妆服饰

时尚分区根据内容可分为全部、美妆、服饰、健身、T 台（时尚品牌发布会秀场、后台花絮、模特混剪、采访及模特拍摄的时尚广告大片相关内容）和风尚标（时尚品牌媒体发布会现场、时尚购物相关及知识科普等内容）等栏目。如图 3-12 所示，为 B 站时尚分区频道。

图 3-12　B 站时尚分区频道

3.1.12 资讯分区，全球热点

资讯分区根据内容可分为全部、热点、环球、社会、综合等栏目，覆盖日常生活中各个领域的资讯内容。如图 3-13 所示，为 B 站资讯分区频道。

图 3-13　B 站资讯分区频道

B 站为了最大限度地保证资讯分区视频内容的权威性和可信度，使用户能够获得正确的资讯信息，经过反复整改，最终限制在资讯分区的投稿中，UP 主必须经过官方认证才能发布内容。

3.1.13 娱乐分区，明星综艺

娱乐分区可以分为全部、综艺、明星这 3 个栏目。如图 3-14 所示，为 B 站时尚分区频道。

图 3-14　B 站娱乐分区频道

随着近几年的 B 站用户越来越多，许多明星开始进军 B 站吸粉。2020 年上半年入驻的明星艺人已经比 2019 年全年入驻人数还多。如图 3-15 所示，为部分明星入驻 B 站宣传视频。

图 3-15　部分明星入驻 B 站宣传视频

明星的入驻对于 B 站来说既是机遇，也是挑战。明星的到来给 B 站带来了一定的新用户量，使 B 站能更好地往综合性文化社区靠近，但同样也带来了饭圈的文化，和这里的原始文化发生不少碰撞。

明星本身就拥有着巨大的粉丝基础，视频出来后自带亮点。但是 B 站每日的数据流量只有那么多，当流量往明星身上倾斜时，新人 UP 主就更难获得流量了，这在一定程度上阻碍了优秀新人 UP 主被发现。所以 B 站一直在对新老用户进行平衡调整，这也是 B 站内容分区的原因。

3.1.14 影视分区，杂谈剪辑

影视分区可以分为全部、影视杂谈（对影视剧导演、演员、剧情、票房等方面进行解读和分析，包括但不限于影视评论、影视解说、影视吐槽、影视科普、影视配音等）、影视剪辑（基于影视剧素材进行二次创造）、短片（具有一定故事的短片或微电影）、预告·资讯（与影视剧预告片相关的视频）等栏目。如图 3-16 所示，为 B 站影视分区频道。

图 3-16　B 站影视分区频道

如果 UP 主想要在影视分区投稿，就要先了解一下影视分区的投稿要求。

（1）投稿视频的封面图片不能出现强烈暗示性的身体特写或出现过于血腥恐怖的画面。

（2）不得使用低俗和过于夸大的视频标题。

（3）不得恶意使用与视频内容无关的标题或封面，或利用容易令人引起不适，以及存在严重误导或诱导式图文作为封面和标题。

（4）如果 UP 主的视频是搬运视频，必须注明原作者和转载地址，不能投稿为原创作品。

（5）禁止在影视分区倒卖盗版视频资源。

3.1.15 放映厅区，专业内容

B 站除了有 PUGV（Professional User Generated Video，专业用户原

创内容）外，还有 OGV（Occupationally Generated Video，专业机构生产内容）。

放映厅区下的内容板块基本都是 OGV 内容，B 站根据 OGV 内容的特点，细分为热播推荐、纪录片、电影、电视剧、综艺等内容板块。如图 3-17 所示，为 B 站放映厅区频道。

图 3-17　B 站放映厅区频道

纪录片区还有更多栏目，譬如人文・历史、军事、科学・探索・自然、社会・美食・旅行等，如图 3-18 所示。

图 3-18　纪录片区下的栏目

UP 主在放映厅时也应该注意以下问题。

（1）该分区只接受正片投稿，预告片和宣传片投稿至其他区。

（2）封面不能采用成人向素材。

（3）部分节目应版权方要求，限制 UP 主进行二次创作。

3.2　账号定位，4 维角度

了解了以上 B 站分区内容频道，你对哪个分区更有兴趣呢？如果我们准备在 B 站进行发展，该如何对自己的账号进行定位呢？B 站定位简单来理解，就是为 B 站账号的运营确定一个方向，为内容发布指明方向。下面将从 4 个角度出发，进一步解读 B 站运营之初的账号定位该如何去做。

3.2.1　自身能力，专长定位

什么样的定位，吸引什么样的目标人群。所以，我们有什么样的定位，直接决定了我们要更新什么样的内容，也决定了 B 站账号的运营方向，以及我们最终该靠什么赚钱。

B 站账号定位的核心秘诀在于一个账号只专注一个行业（方向定位），不能今天发美食，明天发英语，后天发游戏。UP 主在布局 B 站账号时应重点布局 3 类 B 站账号，如图 3-19 所示。

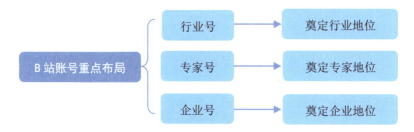

图 3-19　B 站账号重点布局

UP 主在制作视频内容的时候必须做好定位，否则，到后面你会发现越更新越难，越更新越累，乃至没有内容更新。账号的定位越精准、越垂直，粉丝就会越精准，变现也会越轻松，获得的精准流量就会越多。

例如，"机智的党妹"是一名 B 站美妆时尚区的 UP 主，她的账号定位就是美妆教程的分享。不过党妹通过自己的擅长之处，把美妆、穿搭和舞蹈 3 个不同的类型内容混合在一起，使其在时尚分区脱颖而出，成为 B 站时尚分区排行第一的 UP 主。如图 3-20 所示，为"机智的党妹"视频主页。

又如，擅长创意美食的"绵羊料理"，她将自己的账号定位为美食烹饪分享类账号。在这个账号中，"绵羊料理"分享了大量的美食类视频。这些作品让她快速地积累了大量粉丝。

自身专长包含的范围很广，除了唱歌、跳舞等才艺之外，还包括其他诸多方面，就连只是枯燥无聊的专业领域知识懂得多，也可以在 B 站大放光芒。例如，擅长法律内容的"罗翔说刑法"，罗翔最早就是以厚大法考讲师的身份出现在 B

站的。在现实生活中，罗翔也是中国政法大学的一名教授。因罗翔对法考内容的研究和深入了解，再加上选题紧贴时事，用法律的角度进行解读，以哲学的角度进行反思，使"罗翔说刑法"深受用户喜爱。如图3-21所示，为"罗翔说刑法"视频主页。

图3-20 "机智的党妹"视频主页

图3-21 "罗翔说刑法"视频主页

对于拥有自身专长的人群来说，根据自身专长做定位是一种最直接和有效的定位方法。B站账号运营者只需对自己或团队成员进行分析，然后选择某个或某几个专长，进行账号定位即可。

由以上案例，我们不难看出只要 B 站账号运营者或其团队成员拥有专长，该专长的相关内容又是受用户关注的，那么将该专长作为账号的定位，便是一种不错的定位方法。

3.2.2 用户所需，目标定位

在 B 站账号的运营中，如果能够明确用户群体，做好用户定位，并针对主要的用户群体进行营销，那么，B 站账号生产的内容将更具有针对性，从而对主要用户群体产生更强的吸引力。

在做用户定位时，B 站 UP 主可以从性别比例、年龄阶层、地域分布、星座分布等方面分析目标用户，了解 B 站用户的画像和人气特征，并在此基础上更好地作出针对性的运营策略和精准营销。如图 3-22 所示，为对目标用户的分析。

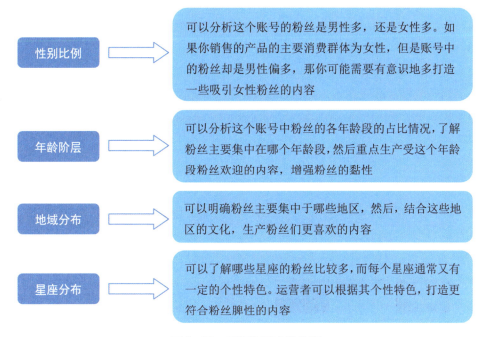

图 3-22　对目标用户的分析

例如，大多数女性都有化妆的习惯，但又觉得自己的化妆水平还不太好。因此这些女性往往会对美妆教程类的内容比较感兴趣。在这种情况下，UP 主如果对美妆内容比较擅长，那么将账号定位为美妆号就比较合适了。如图 3-23 所示，为 B 站时尚分区下的美妆板块。

通常来说，符合用户需求的内容会更容易受到欢迎。因此，结合用户的需求和自身专长进行定位也是一种不错的定位方法。

图 3-23　B 站时尚分区下的美妆板块

3.2.3　平台内容，稀缺定位

当一个平台迅速发展，向着综合化的方向转变时，其有些视频类型内容的缺口是很大的。我们可以从 B 站中相对稀缺的内容出发，进行账号定位。例如财经分区 UP 主"刺客政经"，专注于财经内容的讲解和评论，由于财经区内容生态还不完善，其优质的内容便得到了不少关注。如图 3-24 所示，为"刺客政经"视频主页。

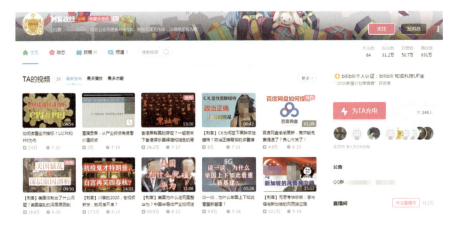

图 3-24　"刺客政经"视频主页

像"刺客政经"这种专门做财经视频内容的 UP 主在 B 站本身就是比较少的，因此其内容就具有了一定的稀缺性。再加上随着移动互联网的发展，越来越多的青少年开始渴求对更多领域知识的了解，所以许多人看到这一类视频之后，就会不断地关注该账号的其他视频。

其实UP主除了在平台内容里本来就稀缺之外，还可以通过自身的内容展示形式，让自己的账号内容，甚至是账号，具有一定的稀缺性。

不过需要注意的是，账号定位的是目标客户群体，而不是定位内容。例如美妆区UP主"二门"，其粉丝定位是美妆用户，特别是喜爱看仿妆的用户居多，所以"二门"的化妆视频基本上也都是画仿妆。如图3-25所示，为"二门"视频主页。

图3-25 "二门"视频主页

UP主通过为受众持续性地生产高价值的内容，从而在用户心中建立权威，加强他们对于你的B站账号的信任度和忠诚度。UP主在自己生产内容时，可以运用以下技巧，轻松打造持续性的优质内容，如图3-26所示。

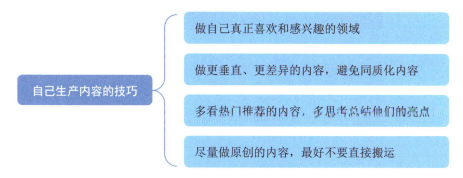

图3-26 自己生产内容的技巧

B站视频的内容是根据我们的目标客户群体来定位、制作的，不同的客户群体喜欢不同的视频内容，不同的内容会吸引不同的客户群体，我们必须把这个串联起来,要有总体布局的思维。

在做视频时,你要思考这些内容所面对的群体是不是你的客户,是不是你要的人群,是的话就可以做,不是的话就要更换。定位做好后,内容的运营就非常容易了,至少你的 B 站账号的内容方向已经确定了,不会再迷茫。UP 主可以根据自己的行业、领域进行 B 站账号的定位,并找到自己的深度内容。

3.2.4 品牌形象,特色定位

相信大家看到这一小节的标题就明白,本小节介绍的是 B 站企业品牌号的定位方法。许多企业和品牌在长期的发展过程中可能已经形成了自身的特色。此时,如果根据这些特色进行定位,通常会比较容易获得品牌用户的认同。

根据品牌特色做定位又可以细分为两种方法:一是以能够代表企业的物象做账号定位;二是以企业或品牌的业务范围做账号定位。

小米公司就是一个以能够代表企业的物象做账号定位的 B 站号。在 B 站的鬼畜分区里,比较知名的有小米科技的创始人雷军,他经常以一名歌手的形象出现在 B 站的鬼畜恶搞视频中。

即使小米品牌官方入驻后,这一现象也没有改变。小米公司在这个 B 站官方账号中不仅会分享自己的产品视频,还会在视频中继续利用自己老板鬼畜化的形象打造内容。通过这些视频,小米品牌在 B 站收获了一拨热度,也拉近了品牌和消费者的距离。如图 3-27 所示,为小米公司视频主页。

图 3-27 小米公司视频主页

完美日记则是一个以企业或品牌的业务范围做账号定位的代表。其视频内容大多是自家美妆新品上新的测评,还有联合美妆分区 UP 主进行联合生产内容。

通过其视频的优质美妆内容，让用户更加了解完美日记的产品线，也激发了用户对其产品的购买欲望。如图3-28所示，为完美日记视频主页。

图3-28　完美日记视频主页

现在越来越多的品牌入驻B站，并且在B站有了不错的发展。B站是Z世代年轻人的聚集地，从B站成长起来的用户通常抱着与其他视频平台与众不同的想法，他们对B站有着强烈的认同感和归属感，他们乐于对流行文化提出不同的观点，并且不断输出自身的想法。

品牌想在B站找准定位，需要放下身段，把自己的品牌形象巧妙地融入进去。我们要有不怕被冒犯，可以和Z世代年轻人玩在一起的诚意。通过拉近与B站用户之间的距离，不断地提升自身品牌的影响力，增加其产品的目标客户。

第 4 章

B 站运营，围绕账号

学前提示

随着 B 站的飞速发展、不断破圈，越来越多的企业号和个人运营者开始重新认识 B 站。如果企业和个人想入驻 B 站，现在就是最好的时机。

本章内容主要为大家介绍 B 站账号的注册使用和 B 站的概况。

要点展示

- 管理账号，了解操作
- 官方认证，彰显身份
- 会员福利，4 大特权

4.1 管理账号，了解操作

相对其他界面更简单易上手的平台，B 站的移动客户端和网页端功能更多，同时操作难度也比较大。下面我们简单梳理一下 B 站的账号注册升级，让新人快速上手。

4.1.1 注册会员，账号激活

B 站的账号登录操作简单易上手，下面将具体演示 B 站的账号登录操作。UP 主首先进入搜索引擎打开 B 站的官方网页，在 B 站首页的右上角单击"注册"按钮，如图 4-1 所示。

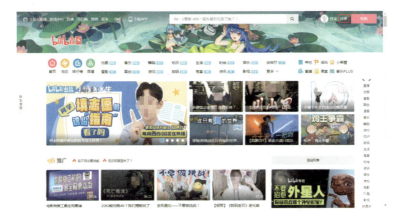

图 4-1　B 站首页界面

操作完成后，在 B 站界面弹出网页窗口中，输入相关资料，即可快速完成注册和登录操作，如图 4-2 所示。

图 4-2　B 站网页端注册界面

如果 UP 主使用手机客户端进行注册的话，那么进入 B 站后，点击"首页"界面左上角的"登录"按钮，就会弹出登录提示框。点击提示框中的"本机号码一键登录"按钮，即可快速完成注册和登录操作，如图 4-3 所示。

图 4-3　B 站手机端进入注册登录界面方式

如果 UP 主在登录界面点击的是"其他方式登录"按钮，操作完成后，手机会自动跳转至"手机号登录注册"界面。在"手机号登录注册"界面完成手机号码验证，点击"验证登录"按钮，即可完成登录操作，如图 4-4 所示。

图 4-4　B 站手机端注册界面

4.1.2 会员升级，更多权益

B站用户主要有游客、注册会员、正式会员、大会员和年度大会员这5种身份。

（1）游客：当用户还未在B站注册账号时，其在B站浏览或观看站内视频时的身份是临时的，即常说的游客身份。

（2）注册会员：当用户注册并使用该账号登录B站时，其初始身份就是B站的注册会员。

（3）正式会员：当注册用户通过社区答题测试之后，即可成为正式会员。如图4-5所示，为B站注册会员和正式会员。

图4-5 注册会员和正式会员

（4）大会员：当B站的正式会员购买B站推出的付费会员产品时，其身份就升级成了大会员。

（5）年度大会员：当B站的正式会员购买B站推出的付费年度会员产品时，其身份就升级成了年度大会员。如图4-6所示，为B站的大会员和年度大会员。

图4-6 大会员与年度大会员

年度大会员在大会员的基础上享有更多福利，其享有的权益主要体现在游戏礼包、会员购、B币券和粉色昵称上，如图4-7所示为年度大会员的权益。

图4-7　年度大会员的权益

B站UP主如果想要吸粉引流，可以先开通年度会员，这样不仅能让自己的账号更容易被人记住，还能享受更多权益，更好地进行引流变现，而且开通续费B站大会员的操作很简单。

UP主打开B站客户端后，进入"我的大会员"界面。如果该账号还不是大会员，则点击"开通大会员"按钮；如果该账号已经是大会员，则点击"续费大会员"按钮，如图4-8所示。

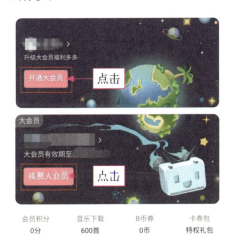

图4-8　"开通大会员"和"续费大会员"

操作完成后，跳转至"成为大会员"界面，选择自己想要购买的大会员套餐，以选择"连续包年"套餐为例,点击"立即以 148 元续费"按钮,即可完成大会员开通或续费操作,如图 4-9 所示。

图 4-9 "成为大会员"的步骤

4.1.3 名人堂榜,荣誉象征

法国有先贤祠,里面安葬着伏尔泰、卢梭等为法兰西作出过巨大贡献的名人;美国有名人堂,一般来说,入选名人堂的人都是对篮球事业有巨大贡献的人。

B 站也借用了这个概念,建立了一个网络虚拟的名人堂,上面展示了对 B 站作出过或正在作出贡献的优秀 UP 主,这对于上榜的 UP 主来说是一种莫大的荣誉。如图 4-10 所示,为 B 站名人堂 UP 主名单(部分)。

图 4-10 B 站名人堂 UP 主名单(部分)

不过并不是所有 UP 主都能入选 B 站名人堂,只有以下 3 类 UP 主才有资格入选 B 站名人堂。

（1）UP 主在 B 站有一定的知名度，并且生产了优秀作品。

（2）对 B 站有特殊贡献。

（3）其他情况。

B 站名人堂上一次更新还是 2010 年左右，但不排除官方以后还会继续更新。不过值得注意的是，当前名人堂 UP 主大多是 B 站创立一两年内的突出人物。截至 2020 年 7 月，名人堂名单中有些 UP 主已经成了 B 站的员工，有些 UP 主已经跳出了 B 站，有些 UP 主甚至都销声匿迹了。

4.2 官方认证，彰显身份

B 站账号的官方认证（也就是加 V），不仅能彰显其身份的特殊性，还能使账号获得更高的权重，增加发布的内容获得官方推荐的可能性。而 B 站官方认证可分为两大类，如图 4-11 所示。

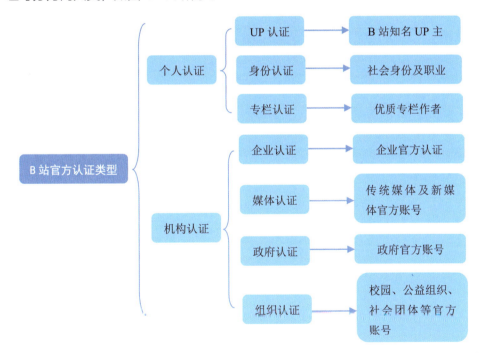

图 4-11　B 站官方认证类型

4.2.1　UP 认证，知名 UP

对于 B 站用户而言，知名 UP 主认证步骤很简单，只要 UP 主账号符合条件即可，审核时间也很短。下面是知名 UP 主认证的申请步骤。

步骤 01　UP 主打开 B 站客户端进入"我的"界面，依次点击"设置"|"账号资料"按钮，进入"账号资料"界面，选择"哔哩哔哩认证"选项。执行操作后，跳转至"哔哩哔哩认证"界面，点击"个人认证"栏目下的"知名 UP 主认证"卡片，如图 4-12 所示。

图 4-12　知名 UP 主认证

步骤 02　跳转至"申请认证"界面，当 UP 主账号满足"粉丝数累计≥10万""相关投稿数≥1""转正会员""绑定手机用户""提交实名认证"5 个条件时，即可提交资质，申请认证。如有任何一项暂未完成，就无法申请，如图 4-13 所示。

图 4-13　"知名 UP 主认证"申请条件

步骤 03 通过官方的审核之后，知名 UP 主认证信息会显示在 UP 主个人空间下方，如图 4-14 所示。

图 4-14 知名 UP 主认证信息

4.2.2 身份认证，社会职业

知名 UP 主认证主要针对的是已经拥有大量 B 站粉丝的 UP 主。如果新 UP 主是其他平台转过来的，那么该 UP 主肯定不符合"粉丝数累计 ≥ 10 万"这个条件。在这种情况下，新 UP 主可以选择身份认证。下面是身份认证的申请步骤。

步骤 01 UP 主打开 B 站的手机客户端后，进入"我的"界面。在该界面依次点击"设置"|"账号资料"|"哔哩哔哩认证"按钮，进入"哔哩哔哩认证"界面。在"哔哩哔哩认证"界面点击"个人认证"栏目下的"身份认证"卡片，如图 4-15 所示。

图 4-15 身份认证

步骤 02 执行操作后，跳转至申请认证界面。当 UP 主满足"站外粉丝≥50万""转正会员""绑定手机用户""提交实名认证"这 4 个条件，即可点击下方"申请"按钮。跳转至资料填写界面，UP 主按照 B 站官方要求如实填写信息，完成后点击下方的"提交申请"按钮，耐心等待审核通知即可，如图 4-16 所示。

图 4-16 "身份认证"流程

4.2.3 专栏领域，优质认证

优质专栏领域 UP 主的认证条件更加宽松，下面是专栏领域认证的申请步骤。

步骤 01 UP 主打开 B 站的手机客户端后，进入"我的"界面。在该界面依次点击"设置"|"账号资料"|"哔哩哔哩认证"按钮，进入"哔哩哔哩认证"界面。在"哔哩哔哩认证"界面点击"个人认证"栏目下的"专栏领域认证"卡片，如图 4-17 所示。

图 4-17 专栏领域认证

步骤02 执行操作后，跳转至"bilibili 专栏·优质 UP 主认证"界面，点击下方的"立即申请"按钮，如图 4-18 所示。跳转至资料填写界面，UP 主按照 B 站官方要求如实填写信息，完成后点击下方的"提交信息"按钮，耐心等待审核通知即可。

图 4-18 "专栏领域认证"流程

步骤03 通过审核后，专栏优质 UP 主认证信息会显示在 UP 主个人空间里，如图 4-19 所示。

图 4-19 专栏优质 UP 主认证信息

4.2.4 企业认证，正式官方

企业认证步骤简单，但需要准备身份证、营业执照、授权确认函等相关资料。

步骤 01　UP主打开B站的手机客户端后，进入"我的"界面。在该界面依次点击"设置"|"账号资料"|"哔哩哔哩认证"按钮，进入"哔哩哔哩认证"界面。在"哔哩哔哩认证"界面中点击"机构认证"栏目下的"企业认证"卡片，如图4-20所示。

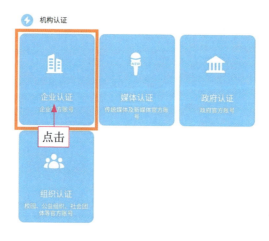

图4-20　企业认证

步骤 02　跳转至资料填写界面，UP主按照B站官方要求如实填写并提交信息，耐心等待审核通知即可。通过官方审核后，企业认证信息会显示在UP主的个人空间里，如图4-21所示。

图4-21　企业认证信息

4.2.5　媒体认证，传媒官方

媒体认证步骤简单，但也需要准备身份证、营业执照、授权确认函等相关资料。

步骤 01 UP主打开B站的手机客户端后，进入"我的"界面。在该界面依次点击"设置"|"账号资料"|"哔哩哔哩认证"按钮，进入"哔哩哔哩认证"界面。在"哔哩哔哩认证"界面点击"机构认证"栏目下的"媒体认证"卡片，如图4-22所示。

图4-22　媒体认证

步骤 02 跳转至资料填写界面，UP主按照B站官方要求如实填写并提交信息，耐心等待审核通知即可。通过官方审核后，媒体认证信息会显示在UP主的个人空间里，如图4-23所示。

图4-23　媒体认证信息

4.2.6　政府认证，权威机构

政府认证除了需要准备相关资料外，还需要提供政府全称、行政级别等信息。

步骤 01 UP 主打开 B 站的手机客户端后，进入"我的"界面。在该界面依次点击"设置"|"账号资料"|"哔哩哔哩认证"按钮，进入"哔哩哔哩认证"界面。在"哔哩哔哩认证"界面中点击"机构认证"栏目下的"政府认证"卡片，如图 4-24 所示。

图 4-24　政府认证

步骤 02 跳转至资料填写界面，UP 主按照 B 站官方要求如实填写并提交信息，耐心等待审核通知即可。通过官方审核后，政府认证信息会显示在 UP 主的个人空间里，如图 4-25 所示。

图 4-25　政府认证信息

4.2.7　组织认证，组织团体

组织认证除了需要准备相关资料外，还需要提供组织名称等信息。

步骤 01 UP 主打开 B 站的手机客户端后，进入"我的"界面。在该界面

依次点击"设置"|"账号资料"|"哔哩哔哩认证"按钮，进入"哔哩哔哩认证"界面。在"哔哩哔哩认证"界面中点击"机构认证"栏目下的"组织认证"卡片，如图4-26所示。

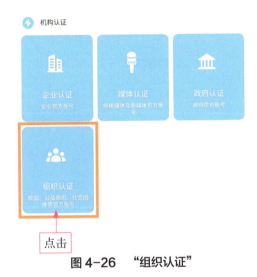

图4-26 "组织认证"

步骤02 跳转至资料填写界面，UP主按照B站官方要求如实填写并提交信息，耐心等待审核通知即可。通过官方审核后，组织认证信息会显示在UP主的个人空间里，如图4-27所示。

图4-27 组织认证信息

4.3 会员福利，4大特权

UP主开通B站大会员，不仅可以享受bilibili大会员的4大特权，还能因此获得更多的引流变现渠道。

4.3.1 内容特权，观看享受

在内容上，B站大会员拥有半价点播、免费看、抢先看、超清看、漫读券等特权。如图4-28所示，为B站官方贴出的内容特权介绍。

图4-28 大会员的内容特权

1. 半价点播

在内容生态上，B站和腾讯视频、爱奇艺视频、优酷视频等不一样，它的视频主要是专业用户原创内容（PUGV），即UP主上传的原创视频。不过B站部分视频内容需要付费点播，但是大会员可享受半价购买，如图4-29所示。

图4-29 大会员的"半价点播"特权

付费点播购买完成后，用户可以在48小时内不限次数地观看该影片（部分内容仅限在中国大陆观看）。

2. 免费看

B站除了有上文所说的专业用户原创内容外，近几年也开始引进OGV，购买相关影视作品版权，比如《碟中谍》《2001漫游太空》等影视作品。

截至2020年，B站现有的OGV资源主要有纪录片、电影、电视剧、综艺、国创和番剧等。其中，部分OGV内容普通用户需要付费才能观看，但会员可以免费或半价观看，如图4-30所示。

图4-30 普通用户需要付费观看的影片

3. 抢先看

"抢先看"是指大会员能抢先观看影视剧集的最新内容，而普通用户则需要付费才能观看，如图4-31所示。

图4-31 普通用户需要付费"抢先看"的影片

4. 超清看

在画质清晰度上大会员也拥有特权，比如动漫《大理寺日记》虽然普通用户也能免费观看，但是大会员可以选择高清 1080P+ 的画质观看，享受高清画质带来的观影体验，如图 4-32 所示。

图 4-32　大会员的"超清看"特权

5. 漫读券

月度大会员每月可免费领取漫读券，用于观看 B 站付费漫画。其中年度大会员每月可领取 10 张漫读券，月度大会员每月可领取 5 张漫读券。

4.3.2　装扮特权，美化账号

在装扮上，B 站大会员拥有专属挂件、空间自主头图、评论表情、动态卡片装扮等特权。如图 4-33 所示，为 B 站官方贴出的装扮特权介绍。

图 4-33　大会员的装扮特权

1. 专属挂件

大会员可免费领取专属头像挂件，用来装饰自己的头像。头像挂件在评论区和个人空间等位置都会显示。如图 4-34 所示，为会员头像挂件。

图 4-34　大会员的"专属挂件"特权

2. 空间自主头图

大会员可自定义头图，通过上传个性化图片来装扮个人空间头图，让自己的空间独具魅力，如图 4-35 所示。

图 4-35　大会员的"空间自主头图"特权

3. 评论表情

大会员可在评论区发送评论表情，给自己的语言表达增加一层色彩。如图 4-36 所示，为 B 站大会员独有的表情。

4. 动态卡片装扮

大会员可以免费使用大会员专属动态卡片，装扮自己的动态。在有效期内，大会员可在客户端随意使用专属动态卡片，如图 4-37 所示。

图 4-36 大会员的"评论表情"特权

图 4-37 大会员的"动态卡片装扮"特权

4.3.3 身份特权，专属福利

在装扮上，B 站年度大会员拥有游戏礼包、会员购、B 币券、粉色昵称等特权。如图 4-38 所示，为 B 站官方贴出的装扮特权介绍。

1. 游戏礼包

B 站积极和游戏方合作，推出了一系列优秀的游戏，如《少女前线》《只只大冒险》《碧蓝航线》《崩坏 3》等。值得一提的是，根据 B 站招股书中的数据显示，游戏是 B 站最大的收入业务，其占比高达 83.4%，起步稍晚的直播和广告收入占比较低，加起来也不过 13.6%。

图 4-38　大会员的身份特权

B 站已经成为国内最大的单机游戏集散地，在游戏区我们能搜到大量的游戏解说 UP 主。B 站为持续发展游戏业务，推出了一些游戏优惠，譬如年度大会员可以在游戏礼包中心领取不同游戏的多款超值礼包，如图 4-39 所示。

图 4-39　年度大会员的"游戏礼包"特权

2. 会员购

2017 年，B 站上线了自己的电商平台——"会员购"，主要以销售手办、周边、漫展演出门票、漫画图书等与二次元相关的产品。年度大会员每月可以在卡券包里领取 1 张 10 元 "会员购" 优惠券，这张优惠券可在 B 站购物时抵扣，如图 4-40 所示。

优惠券是按月发放的，优惠券的有效期是至发券当月的最后一天，当月开通或升级年度大会员，也可以立即领取优惠券。

图 4-40　年度大会员的"会员购"特权

3. B 币券

B 币是 B 站的虚拟货币，可用于承包番剧、给 UP 主充电、兑换金瓜子（金瓜子可用来打赏主播）、购买漫读券等。根据 B 站官方规定，年度大会员可以每月领取 5B 币，如图 4-41 所示。

图 4-41　年度大会员的"B 币券"特权

赠送的 B 币在使用时不再赠送会员积分。B 币不可重复领取，不过每月 1 日会重新发放 5B 币，持续到年度大会员有效期结束。

4. 粉色昵称

普通用户的昵称是黑色字体，而年度大会员的昵称是以粉色高亮的方式显示，如图 4-42 所示。

图 4-42 年度大会员的"粉色昵称"特权

4.3.4 视听特权,SQ 无损

在视听特权上,B 站年度大会员拥有边下边播、并行下载、预约缓存、专属缓存、任性听等特权。如图 4-43 所示,为 B 站官方贴出的视听特权介绍。

图 4-43 大会员的身份特权

1. 边下边播

普通用户下载视频需要全部下载完毕后才能播放,而大会员下载剧集时,已下载的部分就可以播放,不用等下载完毕,如图 4-44 所示。

图 4-44 大会员的"边下边播"特权

2. 并行下载

普通用户把视频添加到下载列表后，后台只能同时缓存 1 个，而大会员下载剧集时，最多可以同时缓存 3 个，如图 4-45 所示。

图 4-45 大会员的"并行下载"特权

3. 预约缓存

对于正在播出的剧集，还未更新的内容，大会员不必等更新后再下载，可以进行预约缓存，B 站软件会在剧集更新后，手机连接了 Wi-Fi 的情况下第一时间进行视频缓存，如图 4-46 所示。

图 4-46 大会员的"预约缓存"特权

4. 专属缓存

有些番剧、国创、电影大片，只有大会员独享其专属缓存特权，有些视频对于普通用户是无法下载的，如图4-47所示。

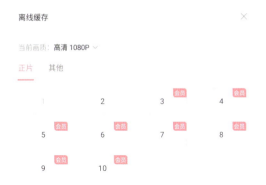

图4-47　大会员的"专属缓存"特权

5. 任性听

大会员可在有效期内畅听SQ无损音质音乐，试听海量付费歌曲（限在中国大陆地区使用），每月可下载600首付费音乐（部分音乐因版权限制在大会员到期后无法本地使用），如图4-48所示。

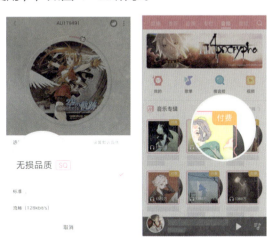

图4-48　年度大会员的"任性听"特权

第 5 章
视频主体，创作要点

学前提示

许多用户在查看视频的过程中，都会根据视频的标题和封面来决定要不要点进去观看，点进去后还会根据视频内容的质量来决定要不要选择看完。

本章将主要从视频的标题、内容和禁区这 3 部分出发，带你了解视频内容的制作。

要点展示

- 标题吸睛，首要关键
- 内容创作，表达方法
- 视频文案，禁区事项

5.1 标题吸睛，首要关键

许多 B 站用户在看一个视频时，首先注意到的就是它的标题。因此，一个视频的标题好不好，将对它的相关数据造成很大影响。那么，如何打造爆款标题呢？UP 主必须掌握以下 3 个关键内容。

5.1.1 制作要点，紧扣内容

标题作为视频的重要组成部分，需要 UP 主进行重点关注。标题创作必须掌握一定的技巧和写作标准，只有对标题撰写必备的要素进行熟练掌握，才能更好、更快地实现标题撰写，达到引人注目的效果。

那么，在撰写 B 站视频标题时，应该重点关注哪些方面，并进行切入和语言组织呢？接下来我们就一起来看一下标题制作的要素。

1. 重点要突出

一个标题的好坏直接决定了视频的点击量、完播率的高低，所以在撰写标题时，一定要重点突出，简洁明了，标题字数不要太长，最好能够朗朗上口，这样才能让受众在短时间内就能清楚地知道你想要表达的是什么，B 站用户自然愿意点击查看视频内容了。

在撰写标题的时候，要注意标题用语的简短，突出重点，切忌标题成分过于复杂。标题越简单明了，用户在看到简短的标题的时候，会有一个越舒适的视觉感受，阅读起来也更加方便。有的视频标题只有短短几个字，但用户却能从中看出视频的主要内容，如图 5-1 所示。

图 5-1 简短的标题

2. 拒做标题党

标题是视频的"窗户",用户要是能从这一扇窗户中看出视频大致内容,就说明这一文章标题是合格的。虽然标题就是要起到吸引受众的作用,但是如果受众被某一视频标题所吸引,进入视频后却发现视频内容和标题关系不大,或是完全没有联系,就会降低用户的信任度,从而拉低视频的点赞量和转发量。

视频标题一定要体现出视频内容的主题,UP主在撰写视频标题的时候,切勿"挂羊头卖狗肉",做标题党。如图5-2所示,为紧密联系主题的标题。

图 5-2 紧密联系主题的标题

5.1.2 标题写作,核心技能

一个文案,最先吸引浏览者的是什么?毋庸置疑是标题,好的标题才能让浏览者点进去查看视频内容,让视频上首页推荐。因此,拟写文案的标题就显得十分重要。而掌握一些标题创作技巧也就成了每个UP主必须掌握的核心技能。

1. 拟写标题,3大原则

评判一个视频标题的好坏,不仅仅要看它是否有吸引力,还需要参照其他一些原则。在遵循这些原则的基础上撰写的标题,能让你的视频更容易被推荐。这些原则具体如下。

1)换位原则

UP主在拟定视频标题时,不能只站在自己的角度去想,更要站在受众的角度去思考。也就是说,应该将自己当成受众,如果你想知道这个问题,你会用什么搜索词去搜索这个问题的答案,这样写出来的文案标题才会更接近受众心理。

因此，UP 主在拟写标题前，可以先将有关的关键词输入搜索浏览器中进行搜索，然后从排名靠前的文案中找出他们写作标题的规律，再将这些规律用于自己要撰写的视频标题中。如图 5-3 所示，为“减肥”相关的关键词。

关键词列表　网站列表　导出Excel

序号	关键词	搜索量	长尾词	关键争度
1	最好的减肥药排行榜	<10	1	24%
2	最快最有效的减肥药	<10	1	22%
3	最有效果的减肥药	10	1	22%
4	最有效的减肥药排行	23	2	22%
5	最管用减肥药排行榜	<10	1	22%
6	最好的减肥药是什么	<10	1	20%
7	最有效地减肥药	<10	1	20%
8	最有效的减肥产品	<10	1	20%
9	比较好的减肥产品	<10	1	20%
10	瘦身药	21	1	20%

图 5-3　“减肥”相关的关键词

2）新颖原则

新颖的标题因为用户觉得不常见，更容易吸引用户眼球。那么，UP 主如何让视频的标题变得更加新颖呢？下面我们介绍一些比较实用的标题形式。

例如，视频标题写作要尽量使用问句，这样比较能引起人们的好奇心，这样的标题更容吸引读者。如图 5-4 所示，为问句形式的标题。

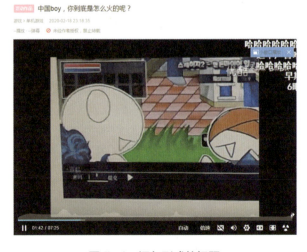

图 5-4　问句形式的标题

视频标题创作时要尽量写得详细、细致，这样才更有吸引力。要尽量将利益写出来，无论是读者阅读这篇文案后所带来的利益，还是这篇文案中涉及的产品或服务所带来的利益，都应该在标题中直接告诉读者，增加标题对读者的影响力，从而提升视频的点击量。

3）组合原则

通过观察，可以发现能获得高流量的视频标题，都是拥有多个关键词并且进行组合之后的标题。这是因为单个关键词的搜索效果没有多个关键词的搜索效果好，它的排名影响力不如多个关键词的标题。

例如，如果仅在标题中嵌入"面膜"这一个关键词，那么用户在搜索时，只有搜索到"面膜"这一个关键词，文案才会被搜索出来，而标题上如果含有"面膜""变美""年轻"等多个关键词，则用户在搜索其中的任意关键字时，文案都会被搜索出来，标题"露脸"的机会也就更多了。

2. 涵盖文章，凸显主旨

俗话说："题好一半文。"它的意思就是说，一个好的标题就等于一半的文案内容。衡量一个标题好坏的方法有很多，而标题是否体现视频的主旨就是衡量标题好坏的一个主要参考依据。

如果一个标题不能够做到在受众看见它的第一眼就明白它想要表达的内容，那么受众在很大程度上就会放弃查看该视频。那么，文案标题是否体现视频文案主旨将会造成什么样的结果呢？具体分析如图 5-5 所示。

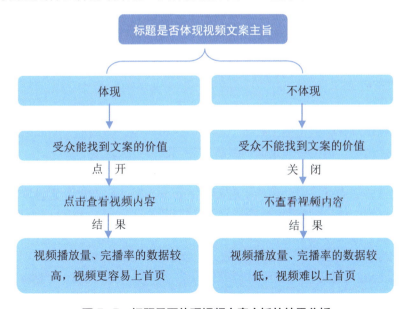

图 5-5　标题是否体现视频文案主旨的结果分析

经过分析，大家可以直观地看出，文案标题是否体现视频文案主旨会直接影响视频的营销效果。所以，UP 主要想让自己的视频上热门的话，那么在取视频文案标题的时候一定要多注意是否体现了其主旨。

3. 掌握"词根"，增加曝光

在前面介绍标题应该遵守的原则时，曾提及写标题要遵守关键词组合的原则，这样才能凭借更多的关键词增加视频的"曝光率"，让自己的文案出现在更多用户的面前。在这里将向大家介绍如何在标题中运用关键词。

进行视频标题编写的时候，UP 主需要充分考虑怎样去吸引目标受众的关注。而要实现这一目标，就需要从关键词着手，考虑关键词中是否含有"词根"。"词根"指的是词语的组成根本，只要有"词根"，我们就可以组成不同的词。UP 主在标题中加入有"词根"的关键词，才能将视频的搜索度提高。

例如，一篇视频标题为"十分钟教你快速学会手机摄影"，那这个标题中"手机摄影"就是关键词，而"摄影"就是"词根"，根据"词根"我们可以写出更多与摄影相关的标题。

5.1.3 常见标题，不同套路

在视频的运营过程中，标题的重要性不言而喻，正如曾经流传的一句话所言："标题决定了 80% 的流量。"虽然其来源和准确性不可考，但由其流传之广可知，其中涉及的关于标题重要性的话题是值得重视的。

在了解了标题设置目的和要求的情况下，接下来就具体了解怎样设置标题和利用什么表达方式去设置标题。

1. 借势类型

借势是一种常用的标题制作手法，借势不仅是免费的，而且效果还很可观。借势型标题是指在标题上借助社会上的一些时事热点、新闻相关词汇来给视频造势，增加点击量。借势一般是借助最新的热门事件吸引受众的眼球。

一般来说，时事热点拥有一大批关注者，而且传播的范围也非常广，视频的标题借助这些热点就可以让用户更容易搜索到该视频，用户也会更想查看视频内容。那么在创作借势型标题的时候，应该掌握哪些技巧呢？我们可以从以下 3 个方面来努力，如图 5-6 所示。

现如今我国的文化产业百花齐放，一部综艺《乘风破浪的姐姐》因主打寻找 30+ 姐姐成熟魅力、打破年龄焦虑的概念，引发了用户的观看热潮。正是因为这一点，许多 UP 主在标题内容制作时借助"乘风破浪的姐姐"这个话题，如图 5-7 所示。

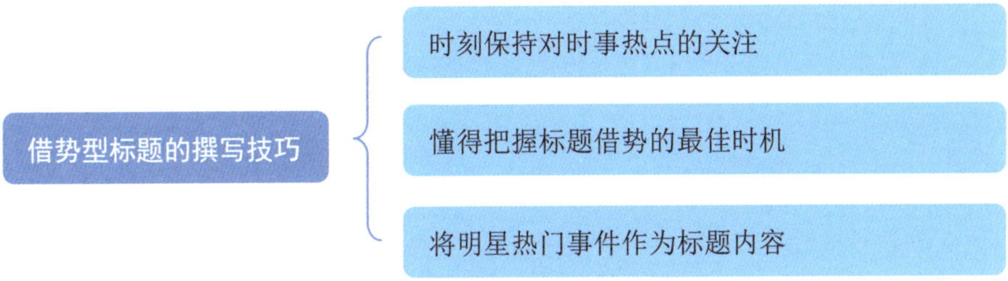
借势型标题的撰写技巧
时刻保持对时事热点的关注
懂得把握标题借势的最佳时机
将明星热门事件作为标题内容

图 5-6　打造借势型标题的技巧

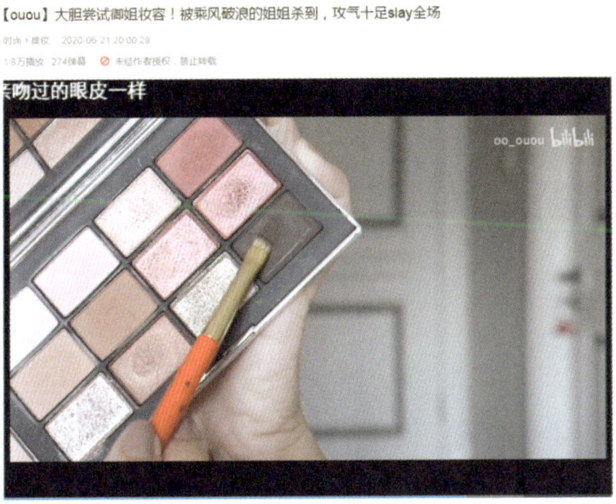
【ouou】大胆尝试御姐妆容！被乘风破浪的姐姐杀到，攻气十足slay全场
oo_ouou bilibili

图 5-7　借助“乘风破浪的姐姐”话题的标题

值得注意的是，在打造借势型标题的时候，要注意两个问题：一是带有负面影响的热点不要蹭，大方向要积极向上，充满正能量，带给受众正确的思想引导；二是最好在借势型标题中加入自己的想法和创意，做到借势和创意完美同步。

2. 价值类型

价值型标题是指向用户传递一种只要查看了视频之后就可以掌握某些技巧或者知识的信息。这种类型的标题之所以能够引起受众的注意，是因为抓住了人们想要从视频中获取实际利益的心理。许多B站用户都是带着一定的目的刷视频的，因此价值型标题的魅力是不可阻挡的。

在打造价值型标题的过程中，往往会碰到这样一些问题，比如“什么样的技巧才算有价值？”“价值型标题应该具备哪些要素？”等。那么价值型标题到底应该如何撰写呢？下面将其经验技巧总结为3点，如图5-8所示。

值得注意的是，在撰写价值型标题时，最好不要提供虚假的信息，比如“一分钟一定能够学会XX”“3大秘诀包你XX”等。价值型标题虽然需要添加夸张的成分在其中，但要把握好度，要有底线和原则。

价值型标题的撰写技巧 { 重点突出技巧知识点好学、好用

使用比较夸张的语句突出价值

懂得一针见血地抓住受众的需求 }

图 5-8　价值型标题的撰写技巧

价值型标题通常会出现在技术类的文案中，主要是为受众提供实际好用的知识和技巧。如图 5-9 所示，为价值型标题的典型案例。

图 5-9　价值型标题案例

B 站用户在看见这种价值型标题的时候，就会更加有动力去查看视频的内容，因为这种类型的标题会给用户一种学习这个技能很简单的感觉，不用花费过多的精力和时间。

3. 揭露类型

揭露型标题是指为受众揭露某件事物不为人知的秘密的一种标题。大部分人都会有一种好奇心和八卦心理，而这种标题则恰好可以抓住受众的这种心理，从而给受众传递一种莫名的兴奋感，引起受众的兴趣。

UP 主可以利用揭露型标题做一个长期的专题，从而达到一段时间内或者长期凝聚受众的目的。而且这种类型的标题比较容易打造，只需把握 3 大要点即可，如图 5-10 所示。

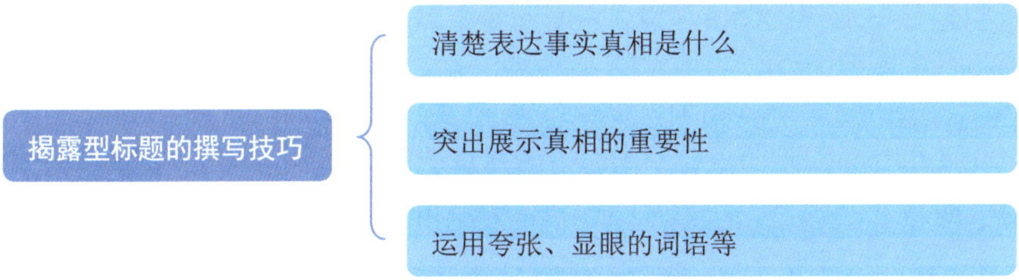

```
揭露型标题的撰写技巧 ─┬─ 清楚表达事实真相是什么
                      ├─ 突出展示真相的重要性
                      └─ 运用夸张、显眼的词语等
```

图 5-10 揭露型标题的撰写技巧

揭露型标题，最好在标题中显示出冲突性和巨大的反差，这样可以有效地吸引受众的注意力，使得受众认识到文章内容的重要性，从而愿意主动观看视频，提升视频的点击量。如图 5-11 所示，为揭露型的视频标题的案例。

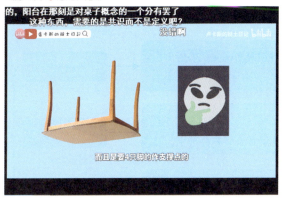

图 5-11 揭露型标题案例

揭露型标题侧重于揭露事实真相，该视频也是侧重于讲解不为人知的新鲜知识，从标题上就做到了先发制人，非常有效地吸引了受众目光。

揭露型标题其实和价值型标题有不少相同点，即都提供了具有价值的信息，能够为受众带来实际利益。所有的标题类型实际上都是一样的，都带有自己的价值和特色，否则也无法吸引受众的注意，更别提为视频的点击率做贡献。

4. 警告类型

警告型标题常常通过发人深省的内容和严肃深沉的语调给受众以强烈的心理暗示，从而给用户留下深刻印象。尤其是警告型的新闻标题，常常被很多 B 站运营者所追捧和模仿。

警告型标题是一种有力量且严肃的标题，也就是通过标题给人以警醒作用，从而引起 B 站用户的高度注意，它通常会将以下 3 种内容移植到视频的标题中，如图 5-12 所示。

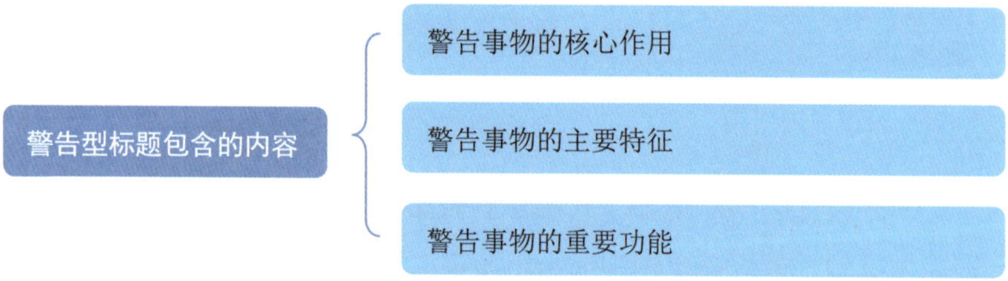

```
                          ┌─ 警告事物的核心作用
  警告型标题包含的内容 ─────┼─ 警告事物的主要特征
                          └─ 警告事物的重要功能
```

图 5-12　警告型标题包含的内容

那么，警告型标题应该如何构思打造呢？很多人只知道警告型标题能够起到比较显著的影响，容易夺人眼球，但具体如何撰写却是一头雾水。下面将分享 3 点撰写技巧，如图 5-13 所示。

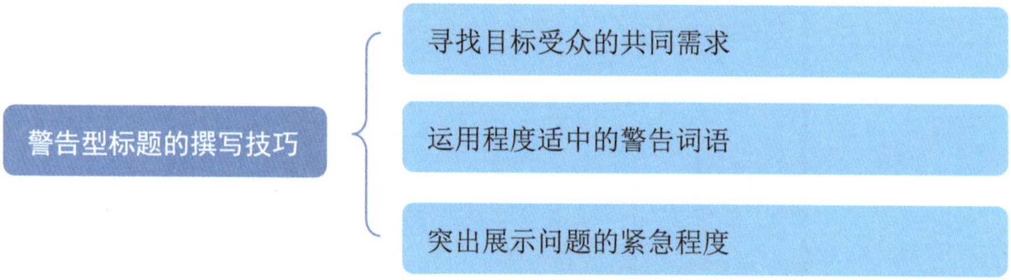

```
                          ┌─ 寻找目标受众的共同需求
  警告型标题的撰写技巧 ────┼─ 运用程度适中的警告词语
                          └─ 突出展示问题的紧急程度
```

图 5-13　警告型标题的撰写技巧

在运用警告型标题时，需要注意标题是否与内容相衬，因为并不是每一个视频都可以使用这种类型的标题。这种标题形式运用得恰当可以加分，起到其他标题无法替代的作用；运用不当的话，很容易让 B 站用户产生反感情绪或引起一些不必要的麻烦。

因此，UP 主在使用警告型标题的时候要谨慎小心，注意用词恰当与否，绝对不能草率行文，不顾内容胡乱取标题。

警告型标题可以应用的场景很多，无论是技巧类的视频内容，还是供大众娱乐消遣的娱乐八卦新闻，都可以用到这一类型的标题形式。如图 5-14 所示，为带有警告型标题的案例。

视频标题中的"千万"既起到了警告受众的作用，又吸引了 B 站用户观看视频内容。选用警告型标题，主要是为了提升 B 站用户的关注度，增加视频的点赞、投币和收藏数量。

因为警告的方式往往更加醒目，触及了 B 站用户的利益，如果这样做可能会让你的利益受损，那么本来不想看的 B 站用户可能也会点击查看。因为涉及自身利益的事情，他们都是最关心的。

图 5-14　警告型标题的案例

5. 悬念类型

好奇是人的天性，悬念型标题就是利用人的好奇心来打造的，首先抓住受众的眼球，然后提升受众的阅读兴趣。标题中的悬念是一个诱饵，可以引导 B 站用户查看视频的内容，因为大部分人看到标题里有没被解答的疑问和悬念，就会忍不住想进一步弄清楚到底怎么回事，这就是悬念型标题的套路。

悬念型标题在日常生活中运用得非常广泛，也非常受欢迎。人们在看电视和综艺节目的时候也会经常看到一些节目预告之类的广告，这些广告就会采取这种悬念型的标题来引起观众的兴趣。利用悬念撰写标题的方法通常有 3 种，如图 5-15 所示。

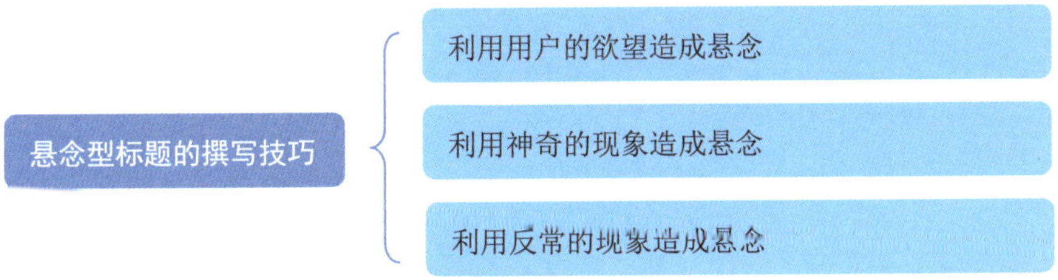

悬念型标题的撰写技巧
- 利用用户的欲望造成悬念
- 利用神奇的现象造成悬念
- 利用反常的现象造成悬念

图 5-15　利用悬念撰写标题的常见方法

悬念型标题是运用得比较频繁的一种标题类型，很多 UP 主都会采用这一标题形式来引起受众的注意力，从而达到较为理想的营销效果和传播效果。如图 5-16 所示，为悬念型标题的典型案例。

悬念型标题的主要目的是增加视频的可看性，因此 UP 主需要注意的一点是，使用这种类型的标题一定要确保视频内容确实能够让用户感到惊奇，充满悬念。不然就会引起受众的失望与不满，继而会让用户对你产生怀疑，影响账号在 B 站用户心中的美誉度。

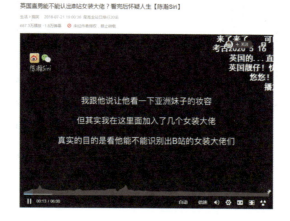

图 5-16　悬念型标题的案例

悬念型的标题是 UP 主青睐有加的标题类型之一，它的效果也是有目共睹的。如果不知道该怎么取标题，悬念型标题是一个不错的选择。

6. 福利类型

福利型标题是指在标题上向受众传递一种"查看这个视频你就赚到了"的感觉，让 B 站用户自然而然地想要看完这个视频。一般来说，福利型标题是准确把握了用户贪图利益的心理需求，给用户看到"福利"的相关字眼，使其忍不住想要点开视频了解内容。

福利型标题的表达方法有两种，一种是比较直接的方法，另一种则是间接的表达方法，虽然方法不同，但是效果相差无几，具体如图 5-17 所示。

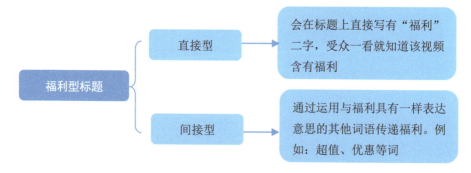

图 5-17　福利型标题的表达方法

值得注意的是，在撰写福利型标题的时候，无论是直接型还是含蓄型，都应该掌握下面 3 点技巧，如图 5-18 所示。

福利型标题的撰写技巧
- 点明提供的优惠、折扣以及活动
- 了解受众最想得到的福利是什么
- 提供的福利信息一定要真实可信

图 5-18 福利型标题的撰写技巧

福利型标题有直接福利型和间接福利型两种不同的表达形式，不同的标题案例有不同的特色。这两种类型的福利型标题虽然稍有区别，但本质上都是通过"福利"来吸引受众的眼球，从而提升文章的点击率。接下来我们一起来看看这两种福利型标题的经典案例，如图 5-19 所示。

图 5-19 直接福利型标题和间接福利型标题

福利型标题通常会给受众带来一种惊喜之感，试想，如果视频标题中或明或暗地指出含有福利，你难道不会心动吗？

福利型标题既可以吸引 B 站用户的注意力，又可以为用户带来实际利益，可谓一举两得。当然，福利型标题在撰写的时候也要注意，不要因为侧重福利而偏离了主题，而且最好不要使用太长的标题，以免影响视频的传播效果。

7. 励志类型

励志型标题最显著的特点就是"现身说法"，一般是通过第一人称的形式讲故事，故事的内容包罗万象，但总的来说离不开成功的方法和经验等。

如今很多人都想致富，却苦于没有致富的定位，如果这时候给他们看励志视频，让他们知道企业经营者是怎样打破枷锁，走上人生巅峰的。他们就很有可能对带有这类标题的内容感到好奇，因此这样的标题结构看起来就会具有独特的吸引力。励志型标题模板主要有两种，如图 5-20 所示。

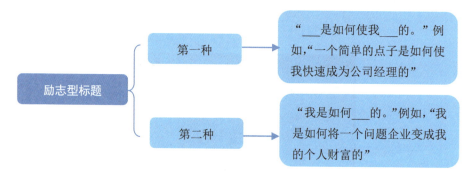

图 5-20　励志型标题的两种模板

那么，打造励志型标题是不是单单依靠模板就可以了呢？答案是否定的，模板固然可以借鉴，但在实际操作中，还是要根据内容的不同而研究特定的励志型标题。总的来说，有 3 种经验技巧可供借鉴，如图 5-21 所示。

图 5-21　打造励志型标题可借鉴的经验技巧

一个成功的励志型标题不仅能够带动受众的情绪，而且还能促使 B 站用户对视频产生极大的兴趣。如图 5-22 所示，为励志型标题的典型案例展示。

图 5-22　励志型标题

励志型标题的好处在于鼓舞性强，容易制造一种鼓舞人心的感觉，勾起 B 站用户的欲望，从而提升视频的完播率。

励志型标题一方面是利用 B 站用户想要获得成功的心理，另一方面则是巧妙掌握了情感共鸣的精髓，通过带有励志色彩的字眼来引起受众的情感共鸣，从而成功地吸引受众的眼球。

5.2　内容创作，表达方法

一个好的视频文案，能够快速吸引 B 站用户的注意力，让发布它的账号快速地增加大量粉丝。那么，如何才能写好视频文案，做到吸睛、增粉两不误呢？下面就来介绍视频文案内容的基本创作方法。

5.2.1　立足定位，精准营销

精准定位目标用户是 UP 主视频文案创作的基本要求之一，每一个成功的视频文案都具备这一特点。对 UP 主而言，要想做到精准的内容定位，可以从 4 个方面入手，如图 5-23 所示。

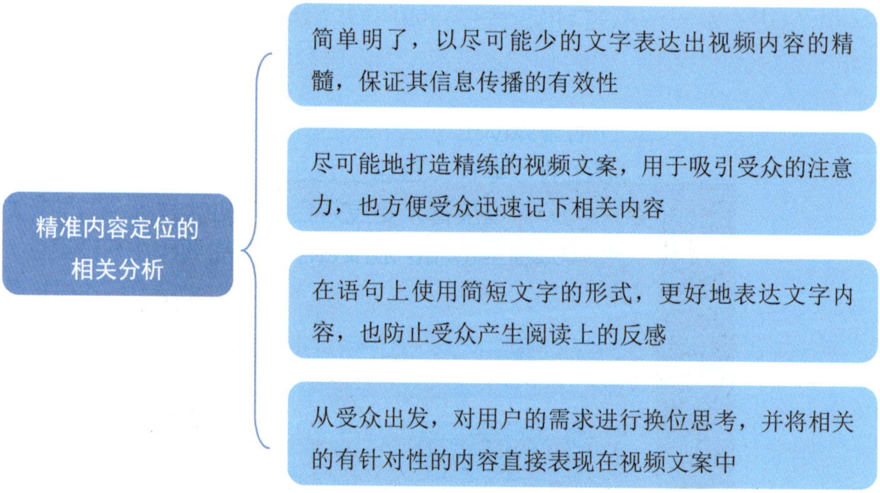

```
                    ┌─ 简单明了，以尽可能少的文字表达出视频内容的精
                    │  髓，保证其信息传播的有效性
                    │
                    │  尽可能地打造精练的视频文案，用于吸引受众的注意
  精准内容定位的   ─┤  力，也方便受众迅速记下相关内容
     相关分析       │
                    │  在语句上使用简短文字的形式，更好地表达文字内
                    │  容，也防止受众产生阅读上的反感
                    │
                    └─ 从受众出发，对用户的需求进行换位思考，并将相关
                       的有针对性的内容直接表现在视频文案中
```

图 5-23　精准内容定位的相关分析

5.2.2　把握表达，雅俗共赏

UP 主不光要学会写标题，还要学会创作内容，拥有一定的视频文案内容水平。而要想更高效率、更高质量地完成视频文案任务，除了掌握写作技巧之外，还需要学会玩转文字，让表达更符合用户的口味。

1. 生动表达观点

对于 UP 主而言，视频文案要进行形象生动的表达，从而加深用户的第一印象，让用户看一眼就能记住视频内容。每一个优秀的视频文案在最初都只是一张白纸，需要创作者不断地添加内容，才能够最终成型。

要想更有效地完成任务，就需要对相关的视频内容有一个完整的认识。一则生动形象的视频文案可以通过清晰的别样表达，在吸引用户关注的同时，快速地让受众接受文案内容，激发受众对账号主体的兴趣。

2. 内容重点突出

视频文案的主题是整个视频的生命线，作为一名 UP 主，其主要职责就是设计和突出主题。所以以内容为中心，要用心确保主题的绝妙性和价值。整个视频的成功主要取决于视频主题的效果。

需要注意的是，UP 主要想突出文案的中心内容，还需要提前对相关的受众群体有一个定位，比如一款抗皱能力突出的衬衣，其相关的定位应该从图 5-24 所示的 3 个方面入手。

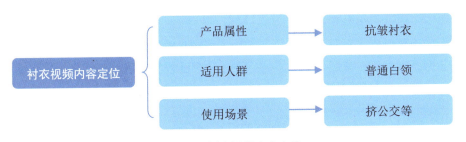

图 5-24 衬衣视频内容定位

除了醒目的中心内容之外，视频文案中的重点信息也必须在一开始就传递给受众，因为如果开始的内容没有抓住用户的需求，用户很可能会不再观看。优秀的视频文案应该是简洁突出重点、形式上不花哨更不啰唆的。

3. 少用专业术语

专业术语是指特定领域和行业中，对一些特定事物的统一称谓。在现实生活中，专业术语十分常见，如在家电维修业中对集成电路称作 IC；添加编辑文件称加编；大企业中称行政总裁为 CEO 等。

专业术语的实用性往往不一，但是从视频文案创作技巧出发，往往需要将专业术语用更简洁的方式替代。专业术语的通用性比较强，但是在文案中往往不太需要。相关的数据研究也显示专业术语并不适合大众阅读，尤其是在快节奏的生活中，节省阅读者的时间和精力、提供良好的阅读体验才是至关重要的。

当然，减少视频中专业术语的使用量并不是不能使用专业术语，而是要控制其使用量，并且适当地对专业术语进行解读，让受众知道视频文案中专业术语表达的意思，把专业内容变得通俗化。

4. 语义通俗易懂

文字要通俗易懂，能够做到雅俗共赏。这既是视频文案的基本要求，也是在视频文案创作的逻辑处理过程中，UP 主必须了解的思维技巧之一。

从本质上而言，通俗易懂并不是要将文案中的内容省略掉，而是通过文字组合展示内容，让用户在看到文案之后，便心领神会。

从通俗易懂的角度出发，我们追求的主要是文字所带来的实际效果，而非文字上的知名度。那么如何让文字起到更好的实际效果呢？UP 主不妨从以下 3 个方面进行考虑，如图 5-25 所示。

5. 删除多余内容

成功的视频文案往往表现统一，失败的视频文案则原因众多。在可避免的问题中，内容累赘是失败的主因，其导致的结果主要包括内容毫无意义、文字说服力弱和问题模棱两可等。

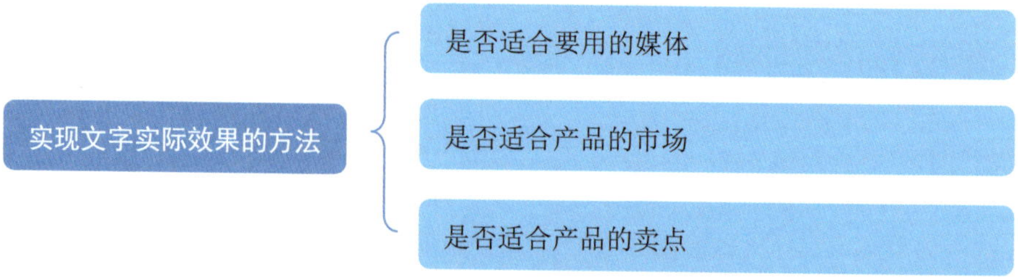

```
实现文字实际效果的方法 ┫ 是否适合要用的媒体
                      是否适合产品的市场
                      是否适合产品的卖点
```

图 5-25　实现文字实际效果的方法

解决多余内容最直接的方法就是将其删除，这也是强调与突出关键字句最直接的方法。一方面，多余的内容删除之后，重点内容更加突出，B 站用户能够快速地把握 UP 主要传达的意图；另一方面，多余的内容删除之后，内容将变得更加简练，同样的内容能够用更短的时间进行传达，B 站用户不容易产生反感情绪。

5.2.3　评论文案，重要技巧

说到视频文案，大多数 UP 主可能更多的是想到视频的内容文案。其实，除此之外，在视频的运营过程中还有一个必须重点把握的文案部分，那就是评论区文案。那么，评论区文案的写作有哪些技巧呢？下面我们就来进行具体分析。

1. 根据视频内容自我评论

视频文案中能够呈现的内容相对有限，这就有可能出现一种情况，那就是有的内容需要进行一些补充。此时，UP 主便可以通过评论区的自我评论来进一步进行表达。另外，在视频刚发布时，可能看到的用户不是很多，也不会有太多的用户进行评论。如果进行自我评论，也能从一定程度上起到提高用户评论视频的作用。

2. 通过回复评论引导用户

除了自我评价补充信息之外，视频运营者在创作评论文案时，还需要做好一件事，那就是通过回复评论解决 B 站用户的疑问，引导他们的情绪。

3. B 站评论的注意事项

回复视频评论看似是一件再简单不过的事，实则不然。为什么这么说呢？这主要是因为在进行评论时还有一些需要注意的事项，具体如下。

1）第一时间回复评论

B 站 UP 主应该尽可能在第一时间回复 B 站用户的评论，这主要有两个方面的好处：一是快速回复用户能够让用户感觉到你对他（她）很重视，这样自然能增加用户对你和你的账号的好感；二是回复评论能够在一定程度上增加视频的热度，让更多用户看到你的视频。

那么如何做到第一时间回复评论呢？其中一种比较有效的方法就是在视频发布后的一段时间内，及时查看用户评论。一旦发现有新的评论，便在第一时间作出回复。

2）不要重复回复评论

对于相似的问题，或者同一个问题，B 站 UP 主最好不要重复进行回复，这主要有两个原因：一是很多用户的评论中或多或少会有一些营销的痕迹，如果重复回复，那么整个评价界面便会看到很多有广告痕迹的内容，而这些内容往往会让用户产生反感情绪；二是相似的问题、点赞相对较高的问题会排到评论的靠前位置，UP 主只需对点赞较高的问题进行回复，其他有相似问题的用户自然就能看到。而且这还能减少评论的回复工作量，节省大量的时间。

3）注意规避敏感词汇

对于一些敏感的问题和敏感的词汇，UP 主在回复评论时一定要尽可能地进行规避。当然，如果避无可避，那也可以采取迂回战术，如不对敏感问题作出正面回答、用一些其他意思相近的词汇或用谐音代替敏感词汇。

5.3 视频文案，禁区事项

不少 UP 主在创作视频内容时，往往因为没有把握住文案内容编写的重点事项而以失败告终。想要撰写出一个好的视频文案并非易事，它对 UP 主的专业知识和文笔功夫有着很高的要求。

下面我们针对 B 站 UP 主的常见失败事项，来盘点一下视频文案编写过程中需要注意的 3 大禁忌。

5.3.1 为达更新，质量较低

投稿视频相对其他营销方式来说成本较低，成功的投稿视频也有一定的持久性，一般视频成功发布后就会始终存在，除非发布视频的那个网站倒闭了。当然始终有效，并不是马上见效，于是有的运营者一天会发好几条视频到平台网站。

事实上，视频营销并不是靠数量就能取胜的，更重要的还是质量，一个高质量的视频内容文案胜过十几个一般的视频内容。然而事实却是，许多 UP 主为了保证推送的频率，宁可发一些质量相对较差的视频。而这种不够用心的视频推送策略，所导致的后果往往是内容发布出来之后却没有多少人观看。

如果 UP 主将视频内容的推送仅仅作为一个自己要完成的任务，只是想着要按时完成，而不注重内容是否能吸引到目标用户，甚至于有的 UP 主会将完全相同的视频文案内容进行多次发布。像这一类的视频文案质量往往没有保障，并且点击量等数据也会比较低。

除此之外，还有部分 UP 主在创作视频文案时，喜欢兜圈子，可以用一句话表达的意思非要反复强调，不但降低了视频的阅览性，还可能会令观看用户嗤之以鼻。视频文案应追求"润物细无声"，在无形之中将要表达的观点传达给目标用户，过度地说空话、绕圈子，有吹嘘之嫌。

视频文案的目的是推广内容，因而每篇视频文案的内容都应当有明确的主题和内容焦点，并围绕该主题和焦点进行内容创作。然而，有的 UP 主在创作视频文案内容时偏离了主题和中心，导致受众一头雾水，传播力也就大打折扣。

5.3.2 脱离市场，闭门造车

对于品牌方的官方 UP 主，其视频文案多是关于企业产品和品牌的内容，这些产品和品牌是处于具体市场环境中的产品，其所针对的目标也是处于市场环境中的具有个性特色的消费者，因此，不了解具体的产品、市场和消费者情况是行不通的，其结果必然是失败的。

所以，在编写和发布视频时，必须进行市场调研，了解产品情况，才能写出切合实际、获得消费者认可的视频文案。在视频文案的创作过程中，应该充分了解产品，具体分析如图 5-26 所示。

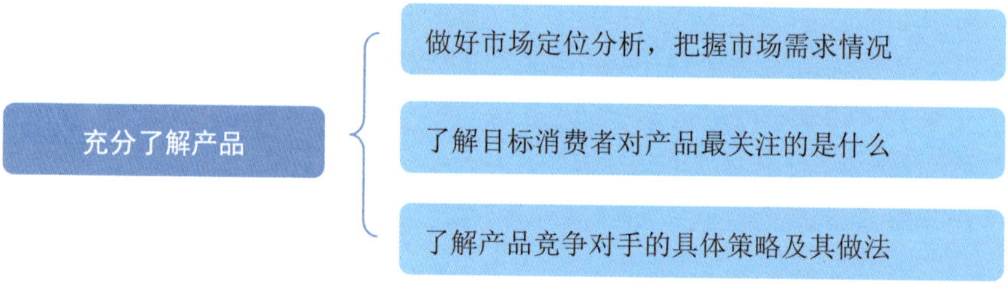

充分了解产品
- 做好市场定位分析，把握市场需求情况
- 了解目标消费者对产品最关注的是什么
- 了解产品竞争对手的具体策略及其做法

图 5-26 充分了解产品的相关分析

而从消费者方面来说，应该迎合消费者的各种需求，关注消费者感受。营销定位大师杰克·特劳特（Jack Trout）曾说过："消费者的心是营销的终极战场。"那么文案也要研究消费者的心智需求，也要从这里出发，其具体内容如下。

1. 价值感

如果某件产品能让消费者的价值感得到满足，那么消费者往往会愿意为其掏腰包。我们可以将视频内容与实现个人的价值感结合起来打动客户。"脑白金"的广告视频能打动消费者，恰恰是因为其满足了消费者孝敬父母的价值感。

比如，销售豆浆机的视频文案可以这样描述："当孩子们吃早餐的时候，他们多么渴望不再去街头买豆浆，而喝上刚刚榨出来的纯正豆浆啊！当妈妈将热气腾腾的豆浆端上来的时候，看着手舞足蹈的孩子，哪个妈妈会不开心呢？"一种做妈妈的价值感油然而生，会激发为人父母的消费者的购买欲望。

2. 安全感

人是趋利避害的，内心的安全感是最基本的心理需求，把产品的功用和安全感结合起来，是说服客户的有效方式。

比如，新型电饭煲的视频文案可以这样说，这种电饭煲在电压不正常的情况下能够自动断电，可以有效地防范用电安全问题。这一卖点的提出，对于关心电器安全的家庭主妇一定是个攻心点。

3. 支配感

"我的地盘我做主"，每个人都希望表现出自己的支配权利来。支配感不仅是对自己生活的一种掌控，也是源于对生活的自信，更是视频文案要考虑的出发点。

比如，信用卡的视频文案可以这样说："生活不只工作的辛苦，还有诗与远方，快拿起信用卡，来场说走就走的旅行吧，而且预订飞机票享受优惠哦！"通过对上班族想减轻压力，实现自己的权利进行了重点突破，激起用户的办理欲望。

4. 归属感

归属感实际上就是标签，你是哪类人，无论是成功人士、时尚青年，还是小资派、非主流，每个标签下的人都有一定特色的生活方式，他们使用的商品、他们的消费都表现出一定的亚文化特征。

比如，对追求时尚的青年，销售汽车的视频文案可以写：这款车时尚、动感、改装方便，是玩车一族的首选。对于成功人士或追求成功的人士可以写：这款车稳重、大方，开车出去见客户、谈事情比较得体有面子。

5.3.3 检查疏忽，内容错误

众所周知，报纸杂志在出版之前，都会经过严格审核，保证文章的正确性和逻辑性，尤其是涉及重大事件或者国家领导人的相关内容，一旦出错就要追回重印，而且将造成巨大的损失。

视频文案也同理，UP 主必须严格校对，防止常见的书写错误包括文字、逻辑和标点符号等问题的出现。

1. 文字错误

视频文案中常见的文字错误为错别字，例如一些名称错误，包括企业名称、人名、商品名称、商标名称等。对于视频文案尤其是视频广告文案来说,错别字可能会影响视频的质量,导致视频内容传达观念有误。

2. 逻辑错误

所谓逻辑错误,是指文案的主题不明确,全文逻辑关系不清晰,存在语意与观点相互矛盾的情况。

3. 标点错误

无论是哪种视频文案,标点符号的错误也是应该要尽力避免的。虽然看起来这个问题不大,但是仍会给用户一种不严谨的感受。在文案创作中,常见的标点错误包括以下几种。

一是引号用法错误。这是标点符号使用中错得最多的,不少 UP 主对单位、机关、组织等名称都用了引号。其实只要不发生歧义,名称一般不用引号。

二是书名号用法错误。证件名称、会议名称(包括展览会)不用书名号,但有的 UP 主把所有的证件名称,不论名称长短,都用了书名号,这是不合规范的。

三是分号用法错误。这也是标点符号使用中错得比较多的,主要是简单句之间用了分号,还有两个半句可以合在一起构成一个完整的句子,但中间也用了分号,有的句子已很完整,与下面的句子并无并列关系,该用句号,却用成了分号,这也是不对的。

第 6 章
拍摄录制，学习技巧

学前提示

UP主第一次拍摄视频时，肯定对拍摄视频需要做的准备工作不甚了解。在拍摄过程中，拥有拍摄相关理论是很重要的，它决定了视频是否能呈现出好的画面。

本章主要介绍拍摄视频需要的设备、构图的技巧以及基本流程等知识，帮助大家掌握好视频拍摄理论基础。

要点展示

- 拍摄视频，设备选择
- 构图方式，凸显美感
- 实战技巧，秘诀总结

6.1 拍摄视频，设备选择

没有技术的支持是无法把富有创意的想法落实的，就好像过河没有桥或者船一样，是寸步难行的。

我们可以通过各种各样的设备来实现拍摄视频的目标，但是不同的设备拍出来的效果自然也是不同的，而且使用方法的难易程度也不同，为了帮助大家找到最适合自己的拍摄设备，下面将详细地介绍拍摄视频的设备。

6.1.1 智能手机，小白神器

首先出场的是入门级的设备——智能手机。说到手机大家肯定都不陌生，随着技术的不断发展和完善，智能手机可谓是集多种才艺于一身，几乎无所不能。

无论是上网冲浪、听音乐，还是拍照片、打电话，一部智能手机就能轻松搞定，这也难怪人们都对它爱不释手。摄像是智能手机自带的基本功能，一般的智能手机都可以进行视频的拍摄。如图6-1所示，为通过智能手机拍摄视频。

图6-1 智能手机拍摄视频

那么，为什么要选择智能手机来拍摄视频呢？因为用智能手机拍摄视频具备很多其他设备不具备的优点，具体分析如图6-2所示。

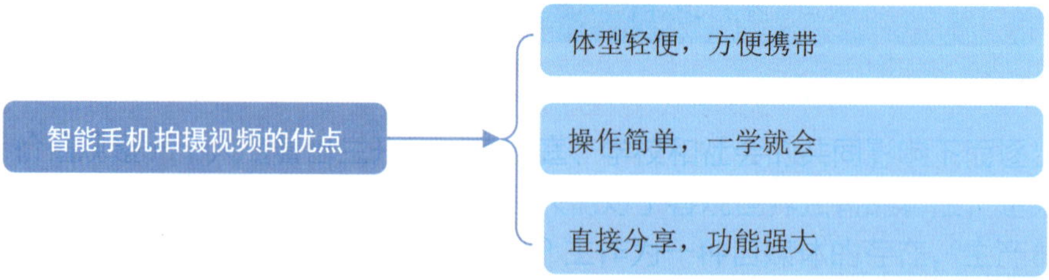

图6-2 智能手机拍摄视频的优点

这些优点是有目共睹的，而事实也证明，现在很多网络视频都是由智能手机拍摄出来的。比如社交平台上的视频，由于智能手机自带拍摄视频的功能，而且又可以直接分享到社交平台上，实时查看发布的动态，从而检验自己作品的效果，因此通过智能手机拍摄视频成了大众的不二之选。

此外，随着移动互联网和智能手机的迅速发展，各种视频平台的发展方向也受到了一定的影响，有的从电脑端转移到了移动端，有的则一开始就以移动端为主战场，准确把握了用户碎片化获取信息这一要点。

不过手机设备型号不同，其对应的拍摄视频的功能也会有所区别，比如分辨率等，但总体出入不大，操作步骤也基本相同。智能手机在拍摄视频时简单可行，而且耗费的成本也不高，可以说是门槛较低的一种拍摄方式，同时智能手机也是日常生活的必需品。

6.1.2 摄像机器，专业水准

摄像机属于专业水平的视频拍摄工具，一般大型的团队和电视节目都要用到它。虽然它不像前面提到的设备那么轻便易携带，但在视频效果上，它还是要高出一级的。如图 6-3 所示，为摄像机。

图 6-3 摄像机

在使用摄像机拍摄视频之前，要做好相应的准备工作，因为是更加专业的视频拍摄，所以需要用到的辅助工具也很多，笔者在这里简单介绍一下。

（1）摄像机电源。如果是在室外拍摄，切记带好直流电池，把电池充满备用，如果要去很远的地方拍摄，最好带上充电器。如果是在室内拍摄，可直接使用充电器供电，当电量不足时，设备上的"BATTERY"会闪烁以提醒。

（2）摄像机电缆。它是用来连接摄像机和录像机的，主要有 14 芯、26 芯等规格。

（3）摄影灯。它主要有两种供电类型，即直流供电和交流供电，各有所长，也各有所短。直流供电方便，但时间短；交流供电持久，但需要借助电缆盘，不方便。

（4）彩色监视器。它是用来保证拍摄画面的颜色不出差错的，从而提升视频的整体效果。

（5）三脚架。这是一个用途十分广泛的辅助工具，无论是使用智能手机、单反相机，还是摄像机拍摄视频，都要用到它。如图6-4所示，为三脚架的使用展示。

图6-4 三脚架

三脚架的优点有很多，但它最大的特点就是"稳"。实际上它的作用也就是为了稳定拍摄设备，以达到某种特定的效果。对于视频拍摄而言，有些特定的内容需要三脚架的配合，如此才能拍出更平稳的画面效果。

在使用三脚架的过程中，要注意高度的调整，不同类型的三脚架的调整方式不同，比如有的是用螺丝钉进行固定，有的则是锁住旋转套管等。

准备好这些辅助工具后，就要开始对摄像机进行相应的调整了，主要分为4个步骤，具体如图6-5所示。

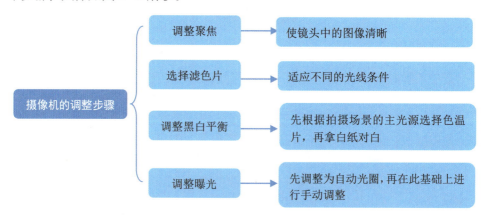

图6-5 摄像机的调整步骤

在摄像的过程中有一些小窍门可以学习，比如避免反复使用推拉镜头，在摄像完成后可多录几秒，以便后期处理。

此外，摄像机的镜头不要直接对着强光源和太阳光，这样会对摄像管造成损害。因此，在使用各种设备拍视频时，都要爱惜设备，人与设备合为一体，这也是拍视频的要义之一。

6.1.3 单反相机，得力助手

随着单反数码相机的普及程度越来越高，价格也在逐渐下降，几千元就可以购买一个入门级的单反相机，越来越多的摄影爱好者将相机升级为数码单反相机。

随着新技术的应用，新品相机的功能也日益强大，同时摄像功能也成功地被单反相机收入囊中，因此越来越多的摄像爱好者把单反相机看作是拍摄日常视频的得力助手。如图 6-6 所示，为常见的单反数码相机。

图 6-6　单反相机

单反相机拍摄视频是近年来比较流行的一种视频拍摄方式，主要原因是它的优点比较显著，具体分析如图 6-7 所示。

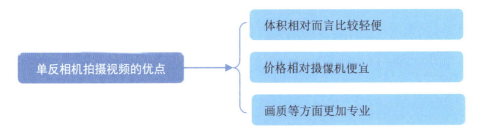

图 6-7　单反相机拍摄视频的优点

对于普通的摄像爱好者来说，单反相机是比较合适的选择，因为性价比高，虽然价格可能比智能手机贵，但画质相对而言还是要高的。如果舍不得花太高的价钱购买专业摄像机，那么入门级的单反相机也是可以作为替代品的。下面我们简单介绍一下使用单反相机拍摄视频的几个小技巧。

1. 分辨率

在拍摄视频之前，要对相机的分辨率进行选择，以确定视频的清晰度。那么，什么是分辨率呢？实际上，视频的分辨率和照片的尺寸大小定义相似，目前常见的分辨率选择有以下几种，如图 6-8 所示。

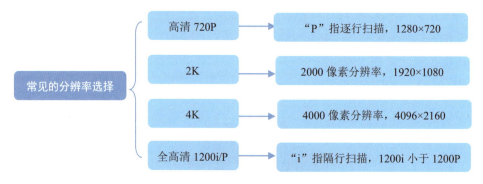

图 6-8　常见的分辨率选择

如果设备支持，而且存储卡容量比较大的话，笔者建议选择更高清的级别，而且经过相关测试证明，即使是用 4K 视频分辨率拍摄的视频压缩成全高清视频，还是比直接用全高清分辨率拍摄的视频效果要好。

2. 帧速率

帧速率，是指每秒钟刷新图片的帧数，也就是说，一系列图片在屏幕上的显示速度（以秒为单位）。在使用单反相机拍摄视频之前，要做的第一件事是选择视频制式，这其中就包含了帧速率的选择。

目前可供选择的视频制式主要有两种，具体如图 6-9 所示。

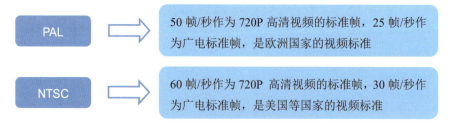

图 6-9　目前可供选择的视频制式

由帧速率的定义可以得出，帧速率越高，那么视频效果就会越流畅，相应地，占用的内存也会越大。那么，在拍摄视频时，究竟应该怎么选择帧速率呢？

对于人眼而言，在帧速率达到 12 帧 / 秒的情况下视频效果就已经很流畅了，因此，如果对视频要求不高，只要达到这个标准就差不多了；如果想要达到电影拍摄的效果，也可以选择 24 帧 / 秒。

3. 选压缩

视频压缩是拍摄视频都会用到的手段，因为视频文件的体积比较大，而且不同的设备使用的压缩方式也有所区别。在拍摄视频时，通常会涉及两种情况的压缩，一种是指拍摄视频和音频使用的压缩编码，另一种是指后期的压缩编码，用于采集和编辑视频文件。这里主要接受拍摄使用的压缩编码。

选择好的编码方式对于视频、音频而言相当重要，毕竟保持质量和体积的相对平衡不是那么容易做到的。既要求视频的画面清晰，又要求不能占据太大的空间，就需要对编码方式进行谨慎正确的选择。

随着相机行业的不断深入发展，4K 视频以及相机拍摄视频成为标志性功能，因此从这个角度来看，无反相机的视频拍摄能力要比单反相机更强大实用，因为无反相机已经把 4K 视频当成了自己的特色尽力打造。如果想要追求更优质的拍摄体验，不妨试试无反相机的 4K 视频功能。

6.1.4 轨道车机，移动辅助

摄像机轨道车也是拍摄视频可以用到的辅助工具，特别是在拍摄外景、动态场景时，轨道车就显得必不可少了。如图 6-10 所示，为比较基础的摄像机轨道车类型。

图 6-10 摄像机轨道车

实际上，根据拍摄场景的需要，轨道车还分为多种类型，比如电动滑轨非载人、便携式轨道车载人、电动轨道车匀速以及电动轨道车脚踏等。我们这里重点要讲的就是在两个阶段中使用轨道车的注意事项,具体如下所示。

1. 准备阶段

在拍摄视频之前,要做好使用轨道车的相关准备,避免拍摄时出现差错而导致视频效果出问题。主要的注意事项包括以下几点。

(1)选择地面。使用轨道车要确保地基的平稳,如果拍摄地点的地面凹凸不平、坑坑洼洼,那么事先就要对地面进行妥善处理。比如用砖或者木箱等结实、稳固的物体打好基础,再使用轨道车辅助拍摄。

(2)接头紧密。确保轨道与轨道之间的接头连接紧密,避免出现意外事故。

(3)架子稳定。三脚架和轨道车之间要连接好,确保平稳。

(4)避开障碍。注意电缆的位置摆放,避免轨道车的运行压坏了电缆。

(5)提前试用。在确认一切准备好之后,先试着演练一遍,然后再开始进行正式拍摄。

2. 拍摄阶段

进入拍摄视频的阶段之后,轨道车的作用显得尤为重要,同时也要注意以下几个方面的问题,如图 6-11 所示。

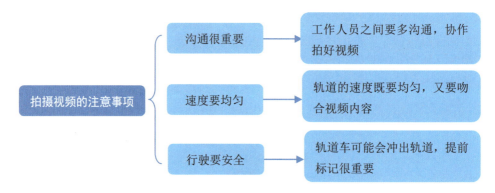

图 6-11 拍摄视频的注意事项

此外,为了保证拍摄画面的平稳,保证画面效果,要尽量避免使用长焦镜头(比标准镜头的焦距长的镜头,其特点是视角小、透视效果差)在轨道车拍摄;而且在拍摄的过程中,还要防止工作人员踩踏轨道,以免造成画面的抖动。

6.1.5 麦克风机,动听音质

在拍摄视频的过程中,如果想要获得比较优质的效果,不仅要在画面效果上花心思,还要在音频质量上下功夫。除了设备本身自带的音频功能外,还有没有别的方法帮助提升声音质量，让观众从音质中听出高低呢？

这时候就需要辅助工具麦克风隆重登场了，麦克风的选择关系到视频声音质量的高低，因此在选择的时候要仔细考虑其优缺点，同时还要根据自己的具体需求进行筛选购买。

麦克风虽然是作为拍摄视频的辅助工具而存在，但在选取的过程中也不能忽视它的功能细节，比如支持电脑和手机使用，这就为很多活跃于社交平台的视频用户们提供了便利。

因此，如果想要拍摄出质量上乘的视频，就要在每个过程都足够用心，不管是挑选设备，还是准备流程，都是如此。

特别是涉及视频的画面、音效等硬件问题，必须引起注意，因为这些因素是可控的，可以通过事先准备的方式避免画面模糊、音效不佳等问题的发生，从而保证视频的基本品质。

6.1.6　无人机航拍，另类角度

随着无人机技术的迅速发展以及摄影、摄像各方面的需要，无人机航拍已经成为拍摄某些特殊场景时必不可少的工具。那么它的优势具体有哪些呢？其大致总结如图6-12所示。

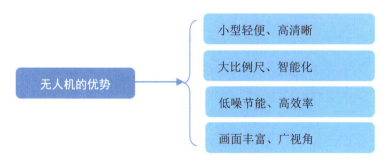

图6-12　无人机的优势

无人机的体型通常不大，一般来说是由无线电遥控设备或者机载计算机程控系统进行操控。如图6-13所示，为航拍的小型无人机。

无人机航拍出来的效果通常是比较气派的，给人一种气势恢宏的感觉。如图6-14所示，为无人机航拍的效果图。

拍摄视频时，有几点事项需要注意，比如场地的选择，对场地是否有障碍物、来往行人是否过多要进行事先考察。还有就是，拍摄视频要避免没有想法就直接拍，在使用无人机拍摄视频之前，最好对要拍摄的内容、构图的大致方法进行确定，确保万无一失。

图 6-13 航拍无人机

图 6-14 无人机航拍效果

此外，在拍摄时不转场也是错误的，转场（场景与场景之间的过渡和转换）的作用在于多角度拍摄，获得较好的拍摄效果。因此，借助无人机拍摄视频时也要多多留心细节，如此才能发现更美的世界。

6.2 构图方式，凸显美感

拍摄视频，在某种程度上与拍摄图片相似，都需要对画面中的主体进行恰当的摆放，使画面看上去更有冲击力和美感，这就是构图。构图起初是绘画中的专业术语，后来广泛应用于摄影、平面设计等视觉艺术领域。

一个成功的摄影作品，大多拥有严谨的构图，它的成功首先体现在构图的成功。成功的构图能够使作品重点突出、有条有理、富有美感、赏心悦目。因此，在拍摄视频的过程中，也需要对摄影主体进行适当构图，遵循构图原则，才能让拍摄的视频更富有艺术感和美感。

6.2.1 中心构图，重点突出

中心构图就是将视频拍摄主体放置在相机或手机画幅的中心进行拍摄，这种视频拍摄方法能够很好地突出视频拍摄的主体，让人很容易就能看见视频的重点，从而将目光锁定对象，了解想要传递的信息。

中心构图拍摄视频最大的优点在于主体突出、明确，而且画面容易达到左右平衡的效果，如图 6-15 所示。

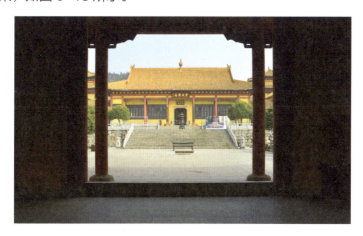

图 6-15 中心构图拍摄视频

如果拍摄的主体只有一个，就可以采用中心构图的方式来拍摄视频，而且这种方式操作十分简单，对技术上的要求不多，所以对于拍摄视频的新手来说极易上手。注意，采用中心构图拍摄视频时，要尽量保证背景干净。

6.2.2 前景构图，富有层次

前景构图是指拍摄者在拍摄手机视频时，利用拍摄主体与镜头之间的景物进行构图的一种视频拍摄方式，即视频拍摄主体前面有一定的事物展现。

前景构图拍摄视频可以增加视频画面的层次感，使视频画面内容更丰富的同时，又能很好地展现视频拍摄的主体。前景构图拍摄视频分为两种情况，一种是将拍摄的视频主体作为前景进行拍摄，如图 6-16 所示。

视频中将拍摄主体小鸟直接作为前景进行拍摄，不仅使视频主体更加清晰醒目，而且还使视频画面更有层次感，背景则作虚化处理。

另一种就是将除视频拍摄主体以外的事物作为前景进行拍摄，如图 6-17 所示。

图 6-16　将视频拍摄主体作为前景

图 6-17　将阳台作为前景,交代视频拍摄环境

视频中将阳台作为前景,让观众在视觉上有一种向外的透视感,同时又有身临其境的感觉。

6.2.3　景深构图,效果对比

我们总是说景深,那么什么是景深?景深就是当某一物体聚焦清晰时,从该物体前面的某一段距离,到其后面的某一段距离内的所有景物也都是相当清晰的,焦点相当清晰的这段前后的距离叫作景深,如图 6-18 所示。

在利用手机拍摄视频时,要想取得良好的景深效果,一般都是利用光圈来实现。手机拍摄视频时的光圈调节,我们这里有一个口诀可以帮大家很好地分辨光圈与景深的关系。

图6-18 景深的效果

光圈越小,焦点越远,焦距越短,景深越大;光圈越大,焦点越近,焦距越长,景深越小。

对于任何光圈孔径,其焦点之后的景深范围大约是焦点前面景深的两倍。光圈数值越小,光圈越大;光圈数值越大,则光圈越小。

手机拍摄视频时调整光圈要注意,一旦光圈开得过大,可能会影响镜头的成像效果,视频画面会显得不够锐利,通常我们可以将光圈数值设置为F5.6~F8,大家在视频拍摄时可以多调整、多试拍,找到合适的光圈数值即可。

因为每个人想要拍出的效果都不相同,因此在这里提供的数值标准可能并不符合所有人的要求,最好的方法就是多实践,在拍摄的过程中总结出属于自己的一套独特的经验。

6.2.4 井字构图,均衡画面

井字构图又叫九宫格构图,是黄金分割构图的简化版,也是最常见的构图手法之一。井字构图是利用九宫格拍摄视频,就是把视频画面当作一个有边框的面积,把上、下、左、右四个边都分成三等分,然后用直线把这些对应的点连接起来,形成一个"井"字,交叉点就叫作"趣味中心",把主体放在"趣味中心"上,就是井字构图,如图6-19所示。

井字构图中一共有四个趣味中心,每一个趣味中心都将视频拍摄主体放置在偏离画面中心的位置上,在优化视频画面空间感的同时,又能很好地突出视频拍摄主体,是十分实用的拍摄方法。

此外,用九宫格构图拍摄视频,能够使视频画面相对均衡,拍摄出来的视频也比较自然、生动,如图6-20所示。

将画面中最吸引人视线的事物置于井字构图交叉点上,使拍摄画面更纯净、更有结构性,这种方法十分适合拍摄远景。用井字拍摄视频,除了上面提到的这种单点构图外,常用到的还有双点构图,即利用下方的两个交叉点,使拍摄画面更有层次感,如图 6-21 所示。

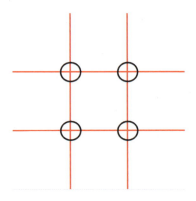

图 6-19　井字构图示意图

图 6-20　九宫格左下方视频拍摄案例

图 6-21　九宫格下方双点构图视频拍摄案例

6.2.5 圆形构图，不拘一格

圆形构图就是指在拍摄视频时，利用手机视频画面中以圆形的形式进行构图的一种视频拍摄方式。圆形本身就带有一种独特的美感，利用圆形构图来拍摄视频，可以使视频画面产生整体感，并能产生旋转的视觉效果。

圆形构图包括正圆形构图和椭圆形构图，正圆形构图能给人规整完美的感觉，而且也很好掌握，如图6-22所示。

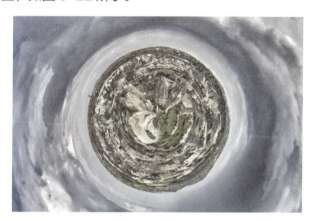

图6-22 正圆形构图拍摄视频

椭圆形构图拍摄视频能让画面看上去不拘一格，也使视频画面动感和空间感加强，如图6-23所示。

图6-23 椭圆形构图拍摄视频

6.2.6 透视构图，立体感强

透视构图是指视频画面中某一条线或某几条线，由近及远形成延伸感，能使观众的视觉沿着视频画面中的线条汇聚成一点。

在视频拍摄中的透视构图分为单边透视和双边透视。单边透视就是指视频画面中只有一条带有由远及近形成延伸感的线条；双边透视则是指视频画面两边都带有由远及近形成延伸感的线条。

视频拍摄中的透视构图，可以增加视频画面的立体感，而且透视本身就有近大远小的规律，视频画面中近大远小的事物组成的线条或者本身具有的线条，能让观众的视觉沿着线条指向的方向看去，有引导观众视觉的作用。用单边透视构图拍摄视频，能增强视频拍摄主体的立体感，如图 6-24 所示。

图 6-24　单边透视构图拍摄视频

双边透视构图能很好地汇聚观众的视线，使视频画面更具有动感和深远意味，如图 6-25 所示。

图 6-25　双边透视构图拍摄视频

透视构图除了分单边透视构图和双边透视构图这两大类以外，每个大类下面又有细分。比如，单边透视构图又分为上单边透视构图、下单边透视构图、左单边透视构图、右单边透视构图。而双边透视构图又细分为上双边透视构图、下双边透视构图、左双边透视构图、右双边透视构图。不同的透视构图拍摄出来的视频感受各有不同，大家要多实战，才能对其更加了解。

6.2.7 光线构图，光影艺术

任何事物的拍摄都离不开光线，手机视频的拍摄也离不开光线。在视频拍摄中所用到的光线很多，如顺光、逆光、顶光、侧光等常见的四大类光线。光线带给手机视频拍摄的不仅仅是让人眼能够看见视频拍摄主体，利用光线还可以使视频呈现出不一样的光影艺术。

顺光是指从被摄者正面照射而来的光线，着光面是视频拍摄的主体，这是我们在摄影时最常用的光线。采用顺光构图拍摄视频，能够让视频拍摄主体呈现出自身的细节和色彩，从而进行细腻的描述，如图6-26所示。

图6-26 顺光构图展现主体细节和色彩

逆光是一种具有艺术魅力和较强表现力的光照，它是拍摄主体刚好处于光源和拍摄设备之间的情况，这种情况很容易使被拍摄主体出现曝光不足。不过可以利用逆光的这种特性，使拍摄画面呈现出明显的明暗反差，塑造出立体感，如图6-27所示。

顶光，顾名思义，可以认为是炎炎夏日时正午的光线情况，从头顶直接照射到视频拍摄主体身上的光线。顶光由于是垂直照射于视频拍摄主体，阴影置于视频拍摄主体下方，占用面积很少，几乎不会影响视频拍摄主体的色彩和形状展现，顶光光线很亮，能够展现出视频拍摄主体的细节，使视频拍摄主体更加明亮。

图 6-27 逆光构图

侧光是指光源的照射方向与视频拍摄方向呈直角状态，即光源从视频拍摄主体的左侧或右侧直射来的光线，因此被摄物体受光源照射的一面非常明亮，而另一面则比较阴暗，画面的明暗层次感分明。采用侧光构图拍摄的视频，可以体现出一定的立体感和空间感，如图 6-28 所示。

图 6-28 侧光构图展现主体立体感与空间感

拍摄视频时所采用的光线远远不止刚才提及的这 4 种，除了顺光、侧光、逆光和顶光之外，还有散射光、直射光、底光、炫光、自然光、人造光等，而且不同时段的光线又有所不同。

6.3 实战技巧，秘诀总结

在拍摄视频的时候，除了设备要齐全、构图方法要精练之外，还要注意如何使用设备，以及如何对拍摄视频的外在因素进行考虑和选择，比如时间、对象、地点等。而要做到这些，如果没有细致的心思和善于思考的大脑是无法做到的，因此拍摄视频不仅是技术上的操作问题，同时也是对一个人的全面思考能力的考察。

本节主要就拍摄视频中的小窍门、小秘诀进行总结和介绍，为大家在实战过程中提供借鉴，避免走弯路和岔路。

6.3.1 巧借设备，拍出质感

在拍摄视频时，很多人喜欢直接把手机作为基本设备，但很多拍摄者在使用手机拍摄视频的时候，会发现一个共同的问题：由于自身的运动或行走，仅仅依靠单手或双手为手机做支撑，往往很难保证手机视频画面的稳定性。

那么，应该如何保持视频画面不受外界的影响，拍出稳定完美的效果呢？这时候就需要视频拍摄工具出场了，它可以用来保持手机的稳定，避免视频画面晃动。下面就来为大家具体介绍几款能让手机稳定拍摄的工具。

1. 手机视频稳定器

在利用手机拍摄视频的时候，拍摄者可以利用手机视频稳定器，来防止因手机晃动而带来的视频模糊的情况，从而进行手机视频的拍摄。

手机视频稳定器一般是指手持云台，云台就是在安装和固定摄像机的时候，在下面起支撑作用的工具，多用在影视剧拍摄当中，分为固定和电动两种。固定云台相比电动云台来说，视野范围和云台本身的活动范围较小，电动云台则能容纳更大的范围，可以说是十分专业的视频拍摄辅助器材了。如图 6-29 所示，为手持云台的展示。

图 6-29 手持云台

手持云台就是将云台的自动稳定系统放置到手机拍摄中,它能自动根据视频拍摄者的运动或角度调整手机方向,使手机一直保持在一个平稳的状态,无论视频拍摄者在拍摄期间如何运动,手持云台都能保证手机视频拍摄的稳定。

手持云台一般来说重量较轻,女生也能轻松驾驭。可以一边充电一边使用,续航时间也很乐观,而且还具有自动追踪和蓝牙功能,即拍即传。部分手持云台连接手机之后,无须在手机上操作,也能实现自动变焦和视频滤镜切换,对于使用手机拍摄视频的人群而言,手持云台是一个很棒的选择。

相对于很多视频拍摄稳定工具来说,手持云台是笔者最推荐的视频拍摄稳定器,但由于手持云台的价格相对于其他视频拍摄支架来说较高,一般从几百元到几千元不等,所以如果对价格有顾虑的朋友,就需要慎重考虑。

2. 手机支架拍摄

手机支架,顾名思义,就是支撑手机的支架。一般来说,手机支架都是可以将其固定在某一个地方,解放双手,从而保证手机的稳定,所以,手机支架也能帮助拍摄者在拍摄视频时,保证手机的稳定性。

手机支架在价格上相对于手持云台来说就要低很多,一般十几元或是几十元就能买一个较好的手机支架,这对于想买视频拍摄稳定器但是又担心价格太贵的朋友来说,是一个很好的选择。

现在市面上手机支架的种类很多,款式也各不相同,但大都是由夹口、内杆和底座组成,能够夹在桌子、床头等地。如图6-30所示,为主流手机支架的展示。

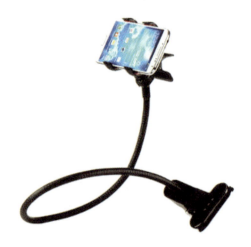

图6-30 手机支架

使用手机支架拍摄手机视频要注意的是,手机支架保持手机的稳定是因为支架被固定在某一个地方，一般来说，手机支架拍摄视频多用在视频拍摄主体运动范围较小时，如果运动范围较大，超出了手机镜头的覆盖范围，拍摄者依然需要将手机支架或手机拿起来，这样不能保证手机的稳定。

所以，手机支架多用于小范围运动的视频拍摄，拍摄视野和范围最好不要超过手机镜头的覆盖范围，只有这样，才能保证手机的稳定，也才能够保证视频画面的稳定。

此外，前面提到的三脚架也是帮助拍摄视频的好工具，手机三脚架能很好地保证手机的稳定性。而且，大部分手机三脚架具有蓝牙功能和无线遥控功能，解放了拍摄者的双手，远距离也能实时操控。

同时，手机三脚架还可以自由伸缩高度，满足某区间不同高度环境的视频拍摄，在价格方面，手机三脚架也比手持云台便宜，但比起手机支架来说，手机三脚架因其更专业，所以价格比手机支架要高一点。

6.3.2 对象选择，拍出中心

视频的拍摄，除了要清晰地展现出视频拍摄的主体以外，还要明确地体现出视频想要表达的主题。往往有中心思想的视频，才有其本身独特的灵魂，纵观经典影片，每一部都是因为有其自己的灵魂，才使其历久弥新，这也体现了视频拍摄主题的重要性。

要想更好地表达视频的中心思想，就需要视频有一个良好的画面呈现，而良好画面的呈现，首先必须将视频拍摄的主体拍摄好，只有拍摄主体有了清晰的表达，才能保证视频中心思想能更清晰地表达与传递。

1. 拍摄时间的选择

对于视频拍摄来说，拍摄时机很重要。一方面，对于同一个视频拍摄主体来说，在不同的时间点拍摄的视频画面，所呈现出来的效果是完全不同的，如图6-31所示。

另一方面，世间万事万物都有其自身的最佳拍摄时节，一旦错过就只能等下一次了。比如你想要拍摄荷花，就必须夏天拍摄，想要拍摄露珠，就必须清晨或者傍晚拍摄，所以在进行视频拍摄的时候，要注意抓紧时间。

2. 拍摄环境的选择

视频拍摄中所说的拍摄环境，从严格意义上来说，与视频拍摄的陪体非常类似，主要是在视频中对视频拍摄主体起到一个解释、烘托和加强的作用，在很大程度上加强了观众对视频主体的理解，让视频的主体和主题都更加清晰明确。

图 6-31　不同时段拍摄的同一事物

在视频拍摄的环境选择中,主要为前景和背景这两种形式。前景就是指在视频拍摄时,位于视频拍摄主体前方,或者靠近镜头的景物,前景在视频中能起到增加视频画面纵深感和丰富视频画面层次的作用。

背景是指位于视频拍摄主体背后的景物,可以让拍摄主体的存在更加和谐、自然,同时还可以对视频拍摄主体所处的环境、位置、时间等作一定的说明,更好地突出主体、营造视频画面的气氛。

拍摄环境几乎是所有视频都不可分割的重要部分,一般来说,如果只是单单对视频拍摄主体进行展示,往往很难达到中心思想上的更多表达,而加上了环境,就能使观众在明白视频拍摄主体的同时,更容易明白拍摄者想要表达的思想与情感。

3. 拍摄主体的选择

所谓主体,就是指视频所要表现的主题对象,是反映视频内容与主题的主要载体,也是视频画面的重心或中心。在视频拍摄中,主体的选择十分重要,它关系到拍摄者想要表达的中心思想能否准确并正确地表达。

一般来说,想要更好地展现出视频拍摄主体的方法主要有两种。第一种是直接表达视频拍摄主体,也就是说,在视频拍摄时,直接将想要展现的拍摄主体放在视频画面最突出的位置,如图 6-32 所示。

第二种是间接表达视频拍摄主体,就是通过渲染其他事物,来表现视频拍摄主体,主体不一定占据视频画面很大的面积,但也会很突出,占据画面中关键的位置,如图 6-33 所示。

图 6-32　直接表达视频拍摄主体

图 6-33　间接表达视频拍摄主体

拍摄者想要展现的中心思想通过视频拍摄的主体来表达，这也就要求视频画面的主体必须准确展现，只有将其放置在视频画面中的突出位置，才能被观众一眼看到，也就起到了体现视频拍摄主体和主题的作用。

在直接展现视频拍摄主体时，用得比较多的构图方式是主体构图或中心构图，也就是使要拍摄的视频主体充满视频画面，或者将其放在视频画面的中间位置，也可以让画面中的主体占据大比例，使用明暗对比衬托主体，或者使用色彩对比等都是直接表达主体的方法。

如果拍摄者想要间接表现视频拍摄主体的话，一般可采用九宫格构图或者三分线构图的方式，将主体放在偏移视频画面中心的位置，但主体又十分突出。

4. 拍摄陪衬的选择

陪衬也就是视频拍摄中的陪体部分，所谓陪体，就是指在视频画面中对拍摄主体起到突出与烘托作用的对象。

一般来说，在视频拍摄中，主体与陪体相辅相成，相互作用，使视频画面的层次感更加丰富。在视频主体和陪体的相互作用下，视频主题的表达性不断增加，用户的观看体验也会不断提高。

大多数时候，视频画面中出现的陪体往往不可或缺，一旦陪体被去掉，视频画面的层次感就会降低。与此同时，视频想要表达的主题，也就随之减少甚至消失，这也说明在视频拍摄当中，一旦出现了陪体，那么陪体的作用就不可小觑，如图6-34所示。

图6-34　视频画面中出现陪体

从图6-34中可以看出，视频画面的主体是小猫，猫窝作为陪体出现在画面中，在使视频画面左右平衡的同时，又让视频画面的层次感更加丰富，使视频画面更具有生命力与活力。

在进行视频拍摄的时候，如果准备在视频画面中加入陪体，则需要注意陪体所占据的视频画面的面积不可大于视频主体。另外，要合理调整主体与陪体之间的位置关系和色彩搭配，切不可"反客为主"，使视频主体失去主导地位。

6.3.3 拍摄实践，注意事项

这一步骤其实是根据视频内容的方向而设置的，重点在于"拍"，拍摄视频是流程中的执行阶段，也是重中之重。当然并不是拿着策划好的剧本就能马上拍，在开拍之前还要做好相关的准备工作。

比如是拍外景的话，就要提前对拍摄地点进行勘察，看看哪个更适合视频的拍摄。除此之外，还要注意的事项如图 6-35 所示。

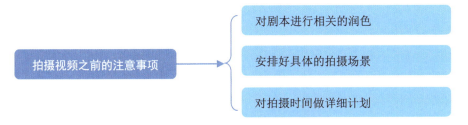

图 6-35　拍摄视频之前的注意事项

当然，值得注意的是，在拍摄视频的时候，是需要完备的条件的。设备、人员、内容三者缺一不可。这三者的具体内容如图 6-36 所示。

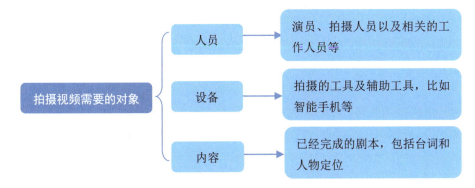

图 6-36　拍摄短视频需要的三大对象

"拍"这一步骤至关重要，不仅需要策划、摄像、编辑、运营等岗位的共同参与，而且还要注意很多细节，工作量比较大。即使是自导自演的低门槛短视频，也要耗费巨大的心血，因为它是将想法付诸实践的第一步。"万事开头难"，当然，其实只要迈出来这脚踏实地的第一步，后面的步骤会简单很多。

第 7 章
后期制作,完成剪辑

学前提示

如今视频剪辑的工具越来越多,功能也越来越强大,一个优秀视频的呈现缺少不了剪辑工具的帮助。

本章将以剪映软件为例,介绍视频后期处理的常用操作。剪映是一款功能非常全面的手机剪辑工具,能够让UP主轻松地在手机上完成视频剪辑。

要点展示

- 视频剪辑,后期处理
- 进阶教程,添加光彩

从零开始学 B 站视频运营和推广

7.1 视频剪辑，后期处理

对于视频而言，剪辑是不可缺少的一个重要环节，在后期剪辑中，需要注意的是素材之间的关联性，比如镜头运动的关联、场景之间的关联、逻辑性的关联以及时间的关联等。剪辑的重点在于"细""新""真"，如图 7-1 所示。

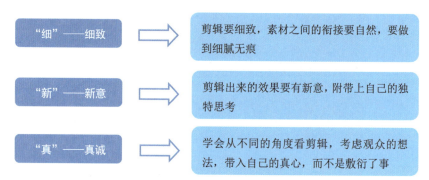

图 7-1 剪辑的重点解析

7.1.1 视频处理，进行剪辑

下面介绍使用剪映对视频进行剪辑处理的操作方法。

步骤 01 在剪映中导入一个原始的视频素材，点击界面左下角的"剪辑"按钮，执行操作后，就进入了视频的剪辑界面，如图 7-2 所示。

图 7-2 进入视频剪辑界面

步骤02 移动时间轴至两个片段的相交处，点击 | 按钮，即可分割视频，左右移动"变速"按钮，可以调整视频的播放速度，如图7-3所示。

图7-3 分割和调整视频播放速度

步骤03 移动时间轴，选择视频的片尾，点击"删除"按钮，执行操作后，即可删除片尾，如图7-4所示。

图7-4 删除片尾

步骤 04 在剪辑界面中可以对视频进行旋转、镜像、裁剪等编辑处理。例如，点击"复制"按钮，可以快速地复制选择的视频片段，如图 7-5 所示。

图 7-5 视频编辑和复制功能

步骤 05 在剪辑界面点击"倒放"按钮，系统会对所选择的视频片段进行倒放处理，并显示处理进度，稍等片刻，即可倒放所选的视频，如图 7-6 所示。

图 7-6 倒放所选的视频

步骤 06 在剪辑界面点击"定格"按钮，系统会出现操作提示，使用双指放大时间轴中的画面片段，即可延长该片段的持续时间，从而实现画面定格的效果，如图 7-7 所示。

图 7-7 实现定格效果

步骤 07 视频操作完成后，即可导出并预览视频效果，如图 7-8 所示。

图 7-8 导出并预览视频

7.1.2 片头片尾，视频设计

下面介绍使用剪映为视频添加开幕闭幕的操作方法。

步骤 01 在剪映中导入一个视频素材，点击界面底部的"特效"按钮，进入特效编辑界面，在"基础"特效列表框中选择"开幕"效果，如图7-9所示。

图7-9 选择"开幕"效果

步骤 02 进入"画面特效"界面添加"开幕"特效后，选择"开幕"特效，移动其时间轴右侧的白色拉杆，调整特效的持续时间，如图7-10所示。

图7-10 添加调整特效的持续时间

步骤 03 移动时间轴至"开幕"特效的结束位置处,进入"画面特效"界面,在"梦幻"特效列表框中选择"蝴蝶Ⅱ"效果,如图 7-11 所示。

图 7-11 选择"蝴蝶Ⅱ"效果

步骤 04 执行操作后,即可添加"蝴蝶Ⅱ"特效,移动时间轴至"蝴蝶Ⅱ"特效的结束位置处,如图 7-12 所示。

图 7-12 移动时间轴至"蝴蝶Ⅱ"特效的结束位置处

步骤 05 在"基础"特效列表框中选择"闭幕"效果,执行操作后,即可在视频结尾处添加"闭幕"特效,如图 7-13 所示。

图 7-13 添加"闭幕"特效

步骤 06 视频操作完成后,即可导出并预览视频效果,如图 7-14 所示。

图 7-14 导出并预览视频效果

7.1.3 使用滤镜，增添氛围

下面介绍使用剪映为视频添加滤镜效果的操作方法。

步骤 01 在剪映中导入一个视频素材，点击底部的"滤镜"按钮，进入滤镜编辑界面，点击"新增滤镜"按钮，如图 7-15 所示。

图 7-15 新增滤镜

步骤 02 调出滤镜菜单，根据视频场景移动圆点，来选择合适的滤镜效果，选中滤镜时间轴，移动右侧的白色拉杆调整滤镜的持续时间，如图 7-16 所示。

图 7-16 调整滤镜的持续时间

步骤 03 完成调节后，点击界面右上角的"导出"按钮，即可导出视频并预览效果，如图7-17所示。

图7-17 导出并预览视频效果

7.1.4 调整色调，光影展示

下面介绍使用剪映调整视频画面的光影色调的操作方法。

步骤 01 在剪映中导入一个视频素材，点击底部的"调节"按钮，调出调节菜单，点击"亮度"按钮，即可提亮画面，如图7-18所示。

图7-18 调整画面亮度

步骤 02 点击"对比度"按钮,增强画面的明暗对比,点击"饱和度"按钮,增强画面的色彩饱和度,如图 7-19 所示。

图 7-19 调整画面对比度和饱和度

步骤 03 点击"锐化"按钮,增加画面的清晰度,点击"高光"按钮,增加画面高光部分的亮度,如图 7-20 所示。

图 7-20 调整画面清晰度和高光亮度

步骤 04 点击"阴影"按钮,增加画面中阴影部分的亮度,点击"色温"按钮,增强画面暖色调效果,如图 7-21 所示。

图 7-21 调整画面阴影亮度和画面色温

步骤 05 点击"色调"按钮,增强天空的蓝色效果,点击"褪色"按钮,降低画面的色彩浓度,如图 7-22 所示。

图 7-22 调整画面色调和色彩浓度

步骤 06 应用效果之后,我们还要通过移动右侧的白色拉杆调整效果的持续时间,如图 7-23 所示。

图 7-23 调整效果的持续时间

步骤 07 视频操作完成后,可以导出并预览视频,效果如图 7-24 所示。

图 7-24 导出并预览视频

7.2 进阶教程，添加光彩

视频基本制作完成以后，还需要通过后期调整对视频进行包装。说起包装，一般会想到商品的华丽外表，或者是打造明星的浮夸手段，那么，视频的包装也是如此吗？其实，包装只是一种形象的比喻方式，如果没有剪辑和包装，又怎么能快速地引起他人的注意呢？

当然，在对视频进行剪辑包装时，不仅仅是保证素材之间富有关联性就够了，其他方面的点缀也是不可缺少的，具体来说，包装视频的主要工作如图7-25所示。

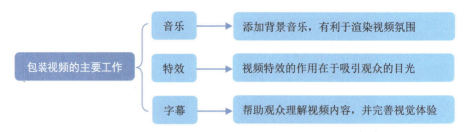

图7-25 包装视频的主要工作

总的来说，后期包装并不是要让视频拥有多么绚烂的特效，或者是多么动人的背景音乐，而是要看UP主有没有用心在做这件事。

7.2.1 动画效果，增强观感

下面介绍使用剪映为视频添加动画效果的操作方法。

步骤01 在剪映中导入一个视频素材，选择相应的视频片段，点击底部的"动画"按钮，如图7-26所示。

图7-26 添加动画效果

步骤 02 调出动画菜单，在其中选择"降落旋转"动画效果，根据需要适当地拖曳"动画时长"选项，如图 7-27 所示。

图 7-27　调整"降落旋转"动画效果

步骤 03 在第 2 段视频中选择"抖入放大"动画效果，在第 3 段视频中选择"向右甩入"动画效果，如图 7-28 所示。

图 7-28　添加"抖入放大"和"向右甩入"动画效果

步骤04 视频操作完成后,即可导出并预览视频效果,如图 7-29 所示。

图 7-29　导出并预览视频

7.2.2　合成处理,特色展示

下面介绍使用剪映对两个视频进行合成处理的操作方法。

步骤01 在剪映中导入一个视频素材,点击"画中画"按钮,进入后点击底部的"新增画中画"按钮,如图 7-30 所示。

图 7-30　新增画中画

步骤 02　进入手机素材库,选择要合成的视频素材,点击"添加到项目"按钮,即可添加视频素材,如图 7-31 所示。

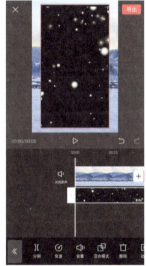

图 7-31　选择添加视频素材

步骤 03　在视频预览区中适当地调整视频素材的大小和位置,点击"混合模式"按钮调出其菜单,选择"滤色"选项,即可合成雪景视频效果,如图 7-32 所示。

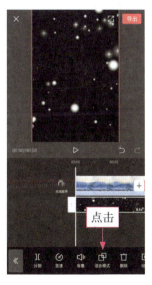

图 7-32　调整视频选择"滤色"模式

步骤 04 视频操作完成后，即可导出并预览视频效果，如图 7-33 所示。

图 7-33 导出并预览视频

7.2.3 灵魂出窍，玩转花样

下面介绍使用剪映制作"灵魂出窍"画面特效的操作方法。

步骤 01 在剪映中导入一个视频素材，点击"画中画"按钮进入其编辑界面，随后点击"新增画中画"按钮，如图 7-34 所示。

图 7-34 新增画中画

步骤 02 再次导入相同场景和机位的视频素材，注意两个视频中人物的位置要有所不同，如第 1 个视频中的人物站着不动，第 2 个视频中的人物就要向前方跑动。将视频放大，使其铺满整个屏幕，并点击底部的"不透明度"按钮，如图 7-35 所示。

图 7-35　不透明度设置

步骤 03　拖曳滑块，将"不透明度"选项的参数调整为 35，点击 √ 按钮，即可合成两个视频画面，并形成"灵魂出窍"的效果，如图 7-36 所示。

图 7-36　合成两个视频画面

7.2.4 制作镜像，反转特效

下面介绍使用剪映制作"逆世界"镜像特效的操作方法。

步骤 01 在剪映中导入一个视频素材，选择相应的视频片段，进入视频片段的剪辑界面，向下拖曳视频调整其位置，如图 7-37 所示。

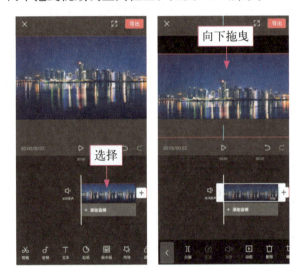

图 7-37 选择相应的视频调整位置

步骤 02 再次导入相同的视频素材，将视频放大至全屏，并点击底部的"编辑"按钮，如图 7-38 所示。

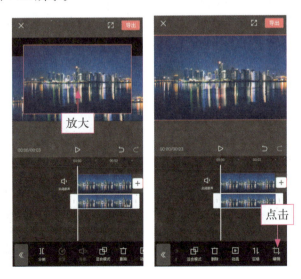

图 7-38 导入相同的视频素材进行编辑

步骤03 进入编辑界面,点击两次"旋转"按钮,旋转视频,点击"镜像"按钮,水平翻转视频画面,如图 7-39 所示。

图 7-39 水平翻转视频画面

步骤04 点击"裁剪"按钮,对视频画面进行适当裁剪,确认编辑操作后并对两个视频的位置进行适当调整,完成"逆世界"镜像特效的制作,如图 7-40 所示。

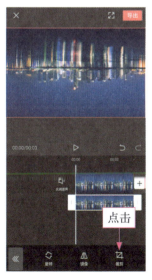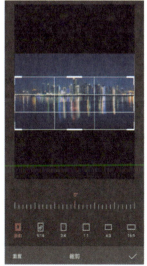

图 7-40 制作镜像视频特效

第 8 章

推荐引流，增加播放

学前提示

各大平台的应用百花齐放，针对用户做个性化推荐已经成为一种常态时，那些你经常使用的软件可能比你自己还了解你的兴趣偏好。

本章将主要阐述 B 站的个性化推荐，教你在 B 站利用推荐原则为视频进行引流。

要点展示

- B 站推荐，利用运营
- 引流推广，打牢基础

8.1 B 站推荐，利用运营

随着互联网的发展，大家应该听过一个词，叫"大数据算法"。那么"大数据算法"是什么？一般来说，其主要是指将大量数据进行分类为有用数据的过程，通过基本排序、特定量排序等，可以分析出某些特征有何相互关联之类的事情。

对于普通用户而言，平台通过用户对软件的使用情况，来分析用户的喜爱偏好，做针对用户的个性化内容服务，从而留住用户。对于 UP 主而言，"大数据算法"更多的是在视频的推荐曝光方面。下面我们对 B 站平台的"大数据算法"进行详细分析，从而提高 UP 主的视频数据。

8.1.1 视频数据，推荐原则

B 站 UP 主应该都知道，一个投稿视频如果能上到 B 站的首页推荐，也就代表着该视频能拥有更多的流量和曝光。如果视频内容比较优质，还能快速地为自己的 B 站账号积累到粉丝。UP 主要想让自己的视频上到 B 站的首页推荐，那么视频应该满足哪些条件呢？下面我们将通过数据进行具体分析，如图 8-1 所示。

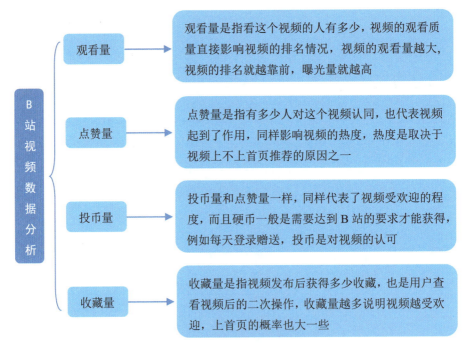

图 8-1 B 站视频各项数据分析

用户在对视频内容的点赞、投币和收藏等操作，反映了用户的个人偏好，也反映了该视频的创作质量,这些都是影响视频是否上首页推荐的因素。如图8-2所示,为B站点赞、投币和收藏等图标。

图8-2 B站点赞、投币和收藏等图标

除此之外,B站用户在视频浏览过程中的播放时长占比,也会成为B站"大数据算法"对视频进行质量判断的标准之一,具体分析如图8-3所示。

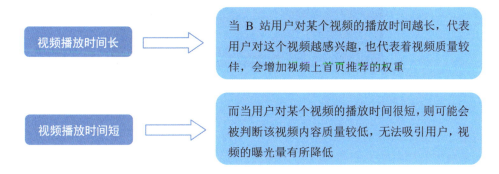

图8-3 播放时长占比对视频的影响

面对B站的"大数据算法",UP主需要密切重视。我们可以采取一些技巧,增加视频的数据情况。例如,可以在视频的开头先概括一下视频内容的精彩片段,进而吸引用户继续观看,增长用户观看视频的时长,如图8-4所示。

图8-4 视频开头进行概括

还可以在视频结尾发出诱导性的疑问，引起用户的评论互动。如果 UP 主觉得自己这期视频内容创作得还算优秀，可以主动在视频结尾提及，提醒用户进行点赞、投币和收藏，如图 8-5 所示。

图 8-5　UP 主引导点赞、投币和收藏

UP 主需要有以不变应万变的心态去创作视频，积极主动地提升自己的视频质量。当你的视频质量开始逐渐优秀，视频内容能牢牢抓住 B 站用户眼球的时候，视频自然而然就会受到 B 站用户的喜爱，轻轻轻松松上到首页推荐。

8.1.2　视频标签，领域入口

不过除了以上对视频数据的提高，使投稿视频上到首页推荐外，我们还可以在什么方面让你的视频被更多的 B 站用户看到呢？下面从 B 站内容标签的视频标签方面进行分析。

对于标签，我们常听到的可能是描述明星的身份标签，比如某明星身份标签的歌手、演员等。标签主要是用来描述产品的目标或分类内容，对于 B 站也有属于它自己的内容标签，具体分析如图 8-6 所示。

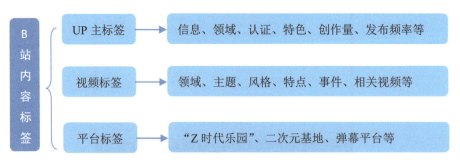

图 8-6　根据视频标签进行同类视频推荐

在 B 站的内容标签中，视频标签对 UP 主很重要。视频标签往往是视频内容的总结，是与视频主题相匹配的重要关键词，是视频的流量端口之一。平台往往会根据视频标签来对应推送目标用户，从而为平台产生更多的流量。

例如，B 站通过 UP 主的视频标签分类，在用户观看视频的简介下方推荐同领域的视频内容，从而满足用户对该领域向的内容需求。如图 8-7 所示，为根据视频标签进行同类视频推荐。

图 8-7　根据视频标签进行同类视频推荐

那么这些视频的标签是哪儿来的呢？UP 主在哪里设置呢？具体操作我们可以在视频投稿环节里设置。当你上传视频后，填写好分区和标题等信息。系统也会给你匹配合适的标签，你也可以从中选择或者重新创建，如图 8-8 所示。

图 8-8　视频设置标签

作为 UP 主，可以利用对视频标签的打造来为自己的视频带来不错的播放量，不过在视频标签的打造过程中，我们需要掌握一些技巧。

例如，UP 主在选取视频标签时，要从观看用户的角度出发，最好选取用户常用的还有比较火爆的视频标签，或者可以参考相关领域的头部 UP 主视频标签。需要注意的是，视频标签一定要符合视频的内容主题，这样才能更好地吸引目标用户，从而完成 B 站账号粉丝的积累和转化。

8.2 引流推广，打牢基础

B 站现在的流量日趋增长，不过 B 站的流量只是平台自己的流量，它属于公域流量。而 UP 主在运营过程中需要做的就是通过引流推广，让 B 站用户关注你的账号，从而将公域流量变成私域流量。

8.2.1 动态引流，开展互动

B 站动态引流主要可以分为专栏引流、评论引流和福利引流，下面从这 3 个方面进行详细的分析。

1. 专栏引流

B 站专栏是 B 站 2017 年上线的一个板块，内容定位是通过全新的文章展示，来表达你的创作内容。如图 8-9 所示，为 B 站的专栏专区。

图 8-9　B 站的专栏专区

如果 UP 主能在专栏领域将内容做得好，也可以起到不错的引流效果。B 站的专栏内容方向有很多，UP 主可以往自己擅长的领域方向去创作。

例如，UP 主在 B 站的视频区制作投稿了不错的视频时，可以把自己的视频内容提炼成图文，把这些提炼的内容或者是相关的参考资料发布到自己的专栏中，为该视频进行宣传推广。

或者是在专栏内发布一些难以做成视频形式的文案内容，以专栏图文的形式展示给 B 站用户，通过专栏优质的推文，为自己的 B 站账号进行引流推广。

当 UP 主在专栏发完文章后，还可适当地挑选一些自己认为重要的评论进行回复，以此来吸引更多的用户进行交流互动。不过这些重复提问和灌水性质的评论，UP 主可以不予理会。如图 8-10 所示，为 UP 主在专栏评论区和用户互动。

图 8-10　UP 主在专栏评论区和用户互动

2. 评论引流

之前我们在本书的第 5 章就提到过，评论文案不仅可以很好地增近 UP 主与 B 站用户之间的距离、消除隔阂感，还可以使 UP 主更加深入地了解 B 站用户的想法，从而提升自己的视频质量。

不过评论引流指的可不单单是在自己的视频评论区里进行交流，也可以在其他同领域 UP 主优质视频的评论区下进行沟通引流。

具体操作很简单，我们在 B 站手机客户端的首页中点击顶栏的"热门"板块，执行操作后在该板块点击有同领域目标受众的热门视频。找到并进入视频界面后，点击视频里的"评论"按钮，跳转至视频评论区后，在下方的输入框输入相关的引流评论即可，如图 8-11 所示。

图 8-11　对"热门"视频进行评论

在其他 UP 主视频评论区下进行引流，不是说直接输入引流的相关信息，而是针对视频内容输入一些能够抢热评的评论，让喜爱该领域内容的目标用户对你眼熟。你的评论互动量多、质量高，说不定还可以和 UP 主结识，讨论经验。

此外，如果 UP 主还不是正式会员，那么该账号无法发评论。UP 主要想开通弹幕功能，就必须进行答题转正，如图 8-12 所示。

图 8-12　答题转正

B 站评论为什么需要答题转正呢？这主要是让新人用户相对全面地了解 B

站信息，比如题目中会有评论礼仪题，让新人用户了解 B 站的评论礼仪，并在一定程度上筛除素质低下的用户，提高评论的质量。

答题只是维持 B 站用户增长和内容质量平衡的一个机制，B 站用户转正不易，用户会更加珍惜自己的账号。而对于 B 站官方来说，答题可以提高 B 站用户的黏性，B 站答题可以帮助官方更好地区分云玩家和圈内人，在一定程度上可以优化 B 站数据和算法。

3. 福利引流

在 B 站上，我们常常能看到 UP 主做一些抽奖活动，给粉丝送出一些周边或电子产品，如图 8-13 所示。

图 8-13　UP 主的抽奖活动

这种福利抽奖的做法不仅可以提高 UP 主在粉丝心目中的形象，增强粉丝的黏性，还能吸引更多的用户流量来关注 UP 主，从而达到吸粉引流的目的。

8.2.2　活动引流，抓住机会

除了可以动态引流外，UP 主在推广内容时还可以采用活动引流的方式，来获得更多的关注度和更大的影响力。

任何内容的运营推广，都需要两个基础条件，即足够多的粉丝数量和与粉丝之间拥有较为紧密的关系。UP 主只要紧紧地扣住这两点，通过各种活动为自己造势，增加自己的曝光度，就能获得很多粉丝。

为了与这些粉丝保持紧密关系，UP 主可以通过各种平台经常发布内容，还可以策划一些线下活动，通过自我造势带来轰动，引发观众围观。当 B 站官方推出一些线上活动时，UP 主可以积极参与，如果在活动中表现突出，不仅可以获得B站官方的礼品或奖励,还有机会上活动封面,为自己引流,如图8-14所示。

图8-14 上活动封面的UP主

UP主可以在活动的评论区为自己的作品拉票,这相当于给自己进行引流吸粉。总的来说,活动引流能够让平台给UP主带来更多的曝光,从而让你的视频被更多人看见,而且有些活动的奖励还是挺不错的。

8.2.3 合作引流,共同进步

所谓合作引流主要有两个方面,一方面是将两个或者两个以上的UP主账号进行组合,共同制作视频进行营销。

例如,有些UP主之间会以朋友的身份一起录制合作视频。用户可以通过合作视频,让粉丝通过其他UP主的视频看到你,并逐渐转化成你的粉丝。如图8-15所示,为几个UP主共同进行合作的视频。

另一方面是UP主相互之间达成协议,在自己的视频或者专栏粉丝群等进行UP主互推,让自己的粉丝认识另外一位UP主,从而达到共赢的目的。

例如,大家可能见到过某个UP主专门拍一个视频给其他UP主的情况,这种推广也算得上是B站账号的互推。图8-16所示,为某UP主互推的视频。

两个或多个UP主会约定好有偿或者无偿地为对方进行推广,这种推广能很快见到效果。不过UP主在采用B站账号互推吸粉引流的时候,需要注意的一点是,找的互推账号类型尽量不要与自己是一个类型的,因为这样运营者之间会存在一定的竞争关系,两个互推的B站账号之间尽量存在互补性。

图 8-15 几个 UP 主共同进行合作的视频

图 8-16 某 UP 主给另外一个 UP 主拍摄视频引流

8.2.4 站外引流，流量导入

UP 主除了可以通过 B 站内部流量的转化来进行引流外，还可以通过外部平台用户的挖掘进行引流。下面介绍几个主要互联网平台的引流方法，让大家了解如何进行站外引流。

1. 专业平台

每个互联网平台都有其自身的特性，也有其专业的相关知识和目标用户，UP 主可以选择与自身 B 站账号有着相同特性和内容的平台去做引流。

在这种和自身领域所匹配的专业平台里，不仅可以丰富 UP 主自身的专业知识，还可以认识相关领域的大神。而且因为账号与平台目标用户相同，所以账号发布的内容能起到很好的引流作用。

例如，对于数码区的 UP 主，酷安平台就是一个不错的选择。非数码圈的人可能对酷安不太熟悉，但是 B 站数码圈的 UP 主对它应该是再熟悉不过了。如果 UP 主在 B 站主攻数码或评测这一块，可以尝试在酷安的社区发布引流消息，吸引该社区的粉丝来 B 站观看自己的视频。

2. 微博平台

微博是国内最大的实时信息分享平台，B 站很多 UP 主也会在微博上进行引流。如图 8-17 所示，为某 UP 主的预热引流微博。

图 8-17　某 UP 主的预热引流微博

微博话题作为相关粉丝的聚集地，也是一个很大的流量端口，UP 主可以在其 B 站相关的微博话题下发送引流信息，吸引微博用户观看。如图 8-18 所示，为 B 站相关的微博话题。

图 8-18　B 站相关的微博话题

3. 微信平台

根据腾讯 2019 年的数据，微信及 WeChat 的合并月活跃账户达到 11.5 亿，已实现对国内移动互联网用户的大面积覆盖，成为国内最大的移动流量平台之一。我们同样也可以使用微信平台为 B 站账号进行引流。

UP 主可以在朋友圈中发布 B 站上的视频作品，吸引朋友圈好友关注。需要注意的是，朋友圈只能发布 15 秒内的视频，所以发布时我们还需要对其进行剪辑，尽可能选择精华内容，如图 8-19 所示。

图 8-19　某 UP 主的微信朋友圈引流

UP 主还可以通过微信群发布自己的 B 站视频，让群用户可点击视频链接查看内容，从而增加内容的曝光率。不过，UP 主要注意微信群发布的时间应尽量与 B 站上同步，也就是说，发完 B 站视频后要马上分享到微信群。

如果 UP 主有自己的微信公众号，可以在公众号上定期发布 B 站视频，从而将部分公众号的粉丝引流转化到 B 站。如图 8-20 所示，为某 UP 主的矩阵账号。

4. QQ 平台

QQ 作为国内最早的网络通信工具，在这些年积累了庞大的产品用户和资源优势。因此，它是 UP 主必须巩固引流的主阵地之一。

QQ 头像和昵称是 QQ 的首要流量入口，UP 主可以将其设置为 B 站的头像和昵称，增加 B 站账号的曝光率，还可以编辑修改 QQ 的"个性签名"内容，在其中引导 QQ 好友关注 B 站账号，如图 8-21 所示。

UP 主可以多创建和加入一些与 B 站相关的 QQ 群，多与群友进行互动，让他们对你产生信任感，此时发布 B 站作品来引流自然就会水到渠成。如图 8-22 所示，为在 QQ 中搜索关于 B 站的相关 QQ 群。

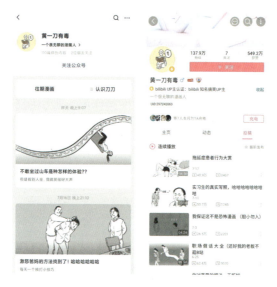

图 8-20　某 UP 主的矩阵账号

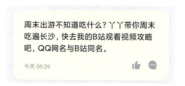

图 8-21　某 UP 主的 QQ 个性签名更新

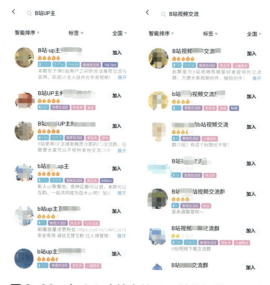

图 8-22　在 QQ 中搜索关于 B 站的相关 QQ 群

除此之外，QQ 的兴趣部落也是一个不错的选择，它是一个基于兴趣的公开主题社区，能够帮助用户获得更加精准的流量。

UP 主可以关注 QQ 兴趣部落中的同行业达人，多评论他们的热门帖子，或者在 B 站专区发布自己的帖子。在评论或帖子里插入自己的 B 站号引流信息，从而收集到更加精准的受众，如图 8-23 所示。

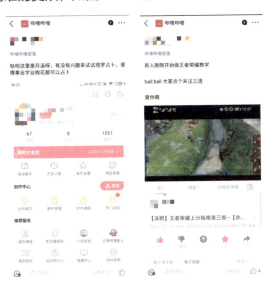

图 8-23　QQ 兴趣部落引流

QQ 空间也是 UP 主可以充分利用起来进行引流的一个好平台，UP 主可以在此发布 B 站视频作品，注意要将 QQ 空间权限设置为所有人都可访问，如果不想有垃圾评论，也可以开启评论审核功能。

第 9 章
运营调整，数据管理

学前提示

面对视频运营推广风口，UP 主想要在竞争中获得胜利，就必须了解自己的受众群体数据，进行精准分析，从而达到引流的目的。

本章主要从内容运营和粉丝管理这两个方面进行 B 站账号数据分析，以此来调整视频内容。

要点展示

- 内容运营，数据掌握
- 粉丝管理，定位用户

9.1 内容运营，数据掌握

UP主在进行B站视频运营的过程中，内容既是运营的重心，也是用户熟悉、接受产品和品牌的重要途径。因此，UP主需要对内容进行重点关注，不仅要策划、收集、制作内容，更要对自己的内容数据进行评估，以便确定未来内容运营的方向。

9.1.1 增量趋势，了解账号

一般来说，UP主想了解账号这一个月的运营状况，可以通过看B站的"数据中心"，查看近一个月的视频增量数据趋势，具体操作如下。

进入B站电脑网页端的"bilibili创作中心"界面，单击界面左上方的"数据中心"按钮，如图9-1所示。

图9-1 "bilibili创作中心"界面

进入"数据中心"界面后，"视频数据"栏目的第一个板块就是视频整体数据情况表单，如图9-2所示。

图9-2 视频整体数据情况表单

该视频整体数据情况表单会在每天中午 12 点更新，其更新的主要内容是视频播放、评论数、弹幕数、点赞数、分享数、硬币数、收藏数和充电数在昨日的增长和账号总体视频数据情况。

通过视频整体数据情况表单，我们可以看出账号总体的运营状况，还有在昨日过程中自己已投稿的视频数据表现。而在视频整体数据情况表单下方就是增量数据趋势折线图，其中折线图纵轴为视频播放量，横轴为日期，如图 9-3 所示。

图 9-3　增量数据趋势折线图

由图 9-3 可知，某 UP 主在 2020 年 6 月 23 日至 7 月 22 日的播放量数据趋势曲线，下面我们来具体分析一下。

从趋势折线的 6 月 23 日至 7 月 1 日可以明显看出该 UP 主的播放量增量遭遇了一次大的波谷，我们可以大胆推测该 UP 主可能这段时间没有更新视频，或者该 UP 主发布的视频难以吸引用户的兴趣。如图 9-4 所示，为折线趋势的波谷。

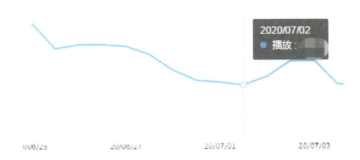

图 9-4　折线趋势的波谷

2020 年 7 月 1 日至 7 月 13 日的播放数据增量曲线图，可以明显看到该 UP 主的播放量增量连续遭遇了两次波峰。因此，我们可以大胆推测，该 UP 主的视频可能"踩中"了热门词汇，或者说 UP 主的视频引起了用户的兴趣。如

图 9-5 所示，为折线趋势的波峰。

图 9-5　折线趋势的波峰

此外，UP 主可以连接某段时间内起始点和终点为线段，通过这条播放量增量线段，就可以明显地看出该段时间内的视频播放量增量走势。如图 9-6 所示，为下降趋势的视频播放量增量走势图。

图 9-6　视频播放量增量走势图

通过视频的整体数据趋势图，我们可以看到自己投稿的所有的视频数据变化情况。如果数据是呈上升趋势，我们就要好好总结这个月的经验和方法，是在哪方面获得了观众的喜爱，找到并在后面的视频中一直坚持做下去。

如果数据是朝着降低方向发展的，我们要仔细考虑近期的视频主题对目标用户是否感觉厌烦了，没有了新鲜感，我们需要考虑是否选择新的突破口，或者是更新频率太低了，我们需要提醒自己要提高视频更新的频率。

9.1.2　视频占比，找准方向

了解了整体的视频数据变化情况后，我们还可以通过单个的投稿视频数据情况进行分析，从而了解自己的哪类视频更受用户的喜爱，找到更好的创作经验。

UP 主可以在"数据中心"查看视频播放量排行榜单，具体操作如下。

进入"数据中心"后下拉界面，就能看到视频数据来源稿件，如图 9-7 所示。

图 9-7　视频数据来源稿件

点击"展开更多"按钮后，UP 主可以看到自己投稿视频的前 10 播放量是哪些，如图 9-8 所示。

图 9-8　个人播放量前 10 的投稿视频

当 UP 主把鼠标指针放置在指定的环形区域时，会弹出一个黑色弹窗，上面显示了视频标题、播放数量和播放占比等数据，如图 9-9 所示。

通过投稿视频播放量环形图和黑色弹窗，UP 主可以更直观地感受自己的视频数据来源稿件占比，了解自己的视频哪种类型更受 B 站用户的喜爱，哪种类型的视频不太合适，需要进行整改转变。

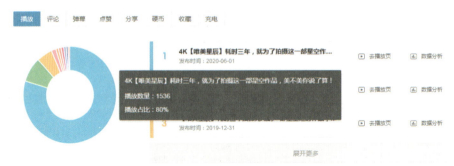

图 9-9 黑色弹窗的视频数据展示

9.1.3 播放情况，内容调整

如果 UP 主想更加直观地了解近期的投稿视频播放表现和播放数据情况，可以进入"数据中心"界面看稿件播放量对比图，其中折线图的纵轴为视频播放量，横轴为视频稿件名（按投稿时间升序），如图 9-10 所示。

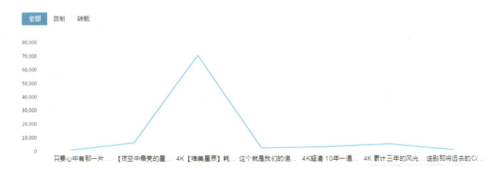

图 9-10 某 UP 主的稿件播放量对比图

由该 UP 主的稿件播放量对比图可以看出，在他最近的投稿视频中，出现了一个波峰。也就意味着，该视频的播放量远远超过其他视频。我们需要针对该视频出现这么高的播放量进行原因分析，如果是用户反映选题不错，我们也可以做一下该视频的同系列主题的视频。

除此之外，想要了解用户的内容喜好，视频播放时长也是关键之一。我们可以通过在视频播放量对比图下面的播放完成率统计图来了解，如图 9-11 所示。

下面来具体分析该播放完成率统计图，可以看到播放完成率统计图的左侧纵轴为视频播放完成率，具体计算方式为：用户平均观看时长 ÷ 视频时长 ×100%。右侧纵轴为视频时长，min 代表分钟，数据会精确到小数点后两位。如图 9-12 所示，为两侧纵轴。

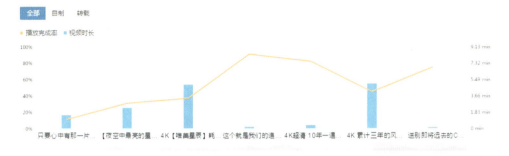

图 9-11　播放完成率统计图

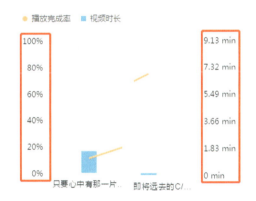

图 9-12　两侧纵轴

播放完成率统计图的横轴则代表的是视频稿件名,横轴上方的蓝色柱状体代表的是当前投稿视频的时长,而黄色的折线代表的是该视频的播放完成率情况,如图 9-13 所示。

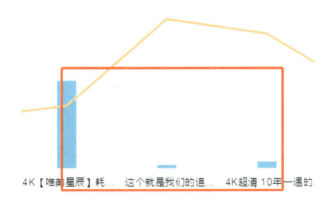

图 9-13　播放完成率统计图表

播放完成率统计图表横轴上最多只能显示 8 个中文字符，超过 8 个中文字符就会自动折叠。如果 UP 主想查看视频标题和具体数据，可直接将鼠标指针放置在蓝色柱状体上，如图 9-14 所示。

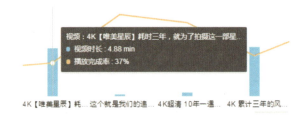

图 9-14　查看视频标题和具体数据

播放完成率统计图表底部有一个可滑动的白色圆形调节按钮，UP 主可通过滑动该按钮调节蓝色柱状体的显示数量。如图 9-15 所示，为调节视频对比数量按钮。

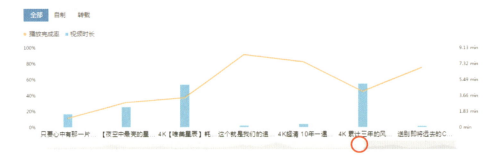

图 9-15　调节视频对比数量按钮

UP 主如果想查看更多视频的数据，可尝试向左滑动按钮，滑动后可以很明显地看到蓝色柱状体变多，如图 9-16 所示。

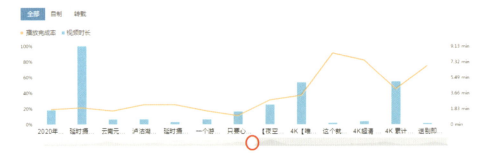

图 9-16　视频对比数量变多

9.1.4 专栏内容，形式发展

专栏数据查看方式、分析思路，与视频数据大同小异，笔者在这里简单地介绍一下专栏数据内容。从 B 站电脑网页端进入"数据中心"界面，点击"专栏数据"即可看到视频整体数据情况表单，如图 9-17 所示。

图 9-17 专栏整体数据情况表单

通过专栏整体数据情况表单，我们可以看出专栏板块运营状况是否良好，还有昨日自己已投稿专栏文章的数据表现情况。而在专栏整体数据情况表单下方就是专栏阅读趋势总览图，如图 9-18 所示。

图 9-18 专栏阅读趋势总览图

从专栏阅读趋势总览图中，UP 主可以很清晰地了解到这个月内，在自己专栏内容上每天收获的阅读量和专栏内容的管理情况。根据专栏阅读的发展变化，我们需要及时作出相应的调整，来提高其阅读数据。UP 主一定要把专栏内容也重视起来，因为专栏内容也是为账号引流的不错途径。

9.1.5 游客画像，目标发展

通过对投稿视频数据的了解，我们能更好地做出受 B 站用户喜爱的视频。除此之外，我们对目前投稿视频的观看用户也要有一定了解，下面主要介绍视频观看用户的游客画像分析，如图9-19所示。

图9-19　游客画像

如果UP主想知道观看自己视频的游客占比，可以通过游客播放地区来源分布图得知，如图9-20所示。

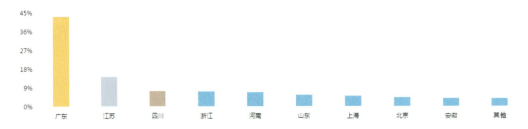

图9-20　游客播放地区来源分布图

如果UP主想知道自己视频的游客更喜欢哪个分区的内容，可以通过游客观看分区倾向图得知，之后UP主可根据此信息对自己的定位和内容进行修正。如图9-21所示，为游客观看分区倾向图。

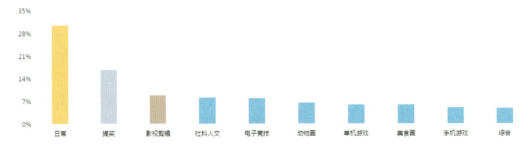

图9-21　游客观看分区倾向图

UP主想要了解观看自己视频的游客，可以通过游客标签倾向表来知道游客喜欢观看的标签，这样UP主在发布视频时可适当地添加这类标签，来增加视频的播放量。如图 9-22 所示，为游客标签倾向表。

图 9-22　游客标签倾向表

9.1.6　账号相关，分析提升

在视频的数据分析中，UP 主除了要对视频播放量、点赞投币转发量和游客画像数据等方面进行分析以外，对分区排行数据和观看渠道数据也要进行综合分析。下面主要介绍分区排行数据和观看渠道数据的分析。

1. 分区排行数据

如果想知道自己在各分区的排行占比，可以通过"数据中心"界面看个人分区占比排行图来了解。如图 9-23 所示，为某 UP 主在各分区的占比排行图。

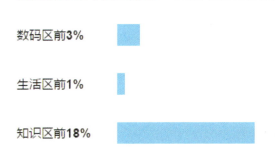

图 9-23　某 UP 主在各分区的占比排行图

从 UP 主在各分区的占比排行图可以看出，该 UP 主的主要活跃内容区是数码区、生活区和知识区，其中该 UP 主在数码区的排名为前 3%，在生活区的排名为前 1%，在知识区的排名为前 18%。根据这些数据，我们可以得出一个结论，该 UP 主更适合发布与数码区和生活区相关的视频作品。

2. 观看渠道数据

B 站的观看渠道主要有 Android（安卓）端、iPhone（苹果手机）端、PC（个人电脑）端、H5（指的是用 HTML5 语言编写的网页或程序）网页端和站外端。

随着移动应用的发展，用户使用手机来观看视频的人数越来越多。那我们的视频是以什么样的渠道被观看呢？可以从"数据中心"的视频播放终端占比图来了解，如图 9-24 所示。

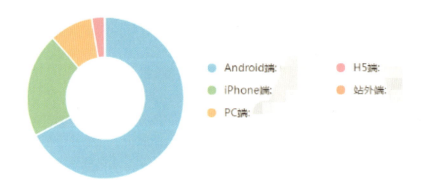

图 9-24　播放终端占比图

从视频播放终端占比图中可以清晰地看到，UP 主的视频主要是 Android 端的用户收看。不过很多人可能只对 Android 端、iPhone 端和 PC 端比较熟悉，因为会经常接触到，但是对 H5 端和站外端有点陌生。下面从这两个渠道再为大家简单介绍一下 B 站的渠道播放。

H5 端的播放量是怎么来的？像 B 站微信小程序这种也可以算作 H5 端，如有用户在 B 站微信小程序上观看了 UP 主的视频，则该播放量就会统计进 H5 端这个类别中，如图 9-25 所示。

小程序

哔哩哔哩

bilibili（哔哩哔哩）是基于视频分享的互联网社区，官方小程序集结海量精彩内容，致力于ACG…

4.6分

上海幻电信息科技有限公司　　　　　　　使用过

图 9-25　B 站微信小程序

那么，站外端的播放量又是怎么回事？其实当 UP 主或粉丝将视频分享到微博、贴吧等第三方平台，用户从这些平台点击进去观看，这种渠道的播放量就算在站外端播放量里。如图 9-26 所示，为在微博上播放 B 站视频。

图 9-26 微博上播放 B 站视频

9.1.7 综合榜单，对比他人

UP 主除了可以查看自己的数据外，还可以通过"B 站 UP 主数据排行"小程序和"BiliOB 观测者"网站来查看其他 UP 主的数据。下面我们就具体介绍一下这两个产品的使用方法。

1. "B 站 UP 主数据排行"小程序

UP 主可以在微信平台搜索小程序"B 站 UP 主数据排行"，从而了解到 B 站其他 UP 主的更多数据。在该小程序中，可以看到指数榜（综合排名的榜单）和粉丝榜，其名列前茅的账号分别是哔哩哔哩番剧和哔哩哔哩漫画，如图 9-27 所示。

图 9-27 指数榜和粉丝榜

在日涨粉量榜单中，"万灵启源"日涨粉量 9.55 万，可以看出该账号颇受用户欢迎；在日掉粉量榜单中，也存在日掉粉量上万的 UP 主，如图 9-28 所示。

图 9-28　日涨粉量榜单和日掉粉量榜单

此外，我们还能在该小程序中看到 B 站视频分区占比图、视频时长分布图和视频发布时间分布图，如图 9-29 所示。

图 9-29　视频分析相关图表

值得一提的是，在发布 B 站视频时，建议大家的发布频率是一周至少 2～

3条,然后进行精细化运营,保持视频的活跃度,让每一条视频都尽可能地上热门。至于发布的时间,为了让你的作品被更多的人看到,一定要选择在线人数多的时候进行发布。

据相关数据统计,睡前和周末、节假日这些段时间,B 站的用户活跃度相对高一些。我们建议大家发布时间最好控制在以下 3 个时间段,如图 9-30 所示。

图 9-30　B 站视频发布时间的建议

同样的作品在不同的时间段发布,效果肯定是不一样的,因为流量高峰期人多,那么作品就有可能被更多的人看到。如果 UP 主一次性录制了好几个视频,千万不要同时发布,每个视频至少要间隔一段时间发布。

另外,发布时间还需要结合自己的目标客户群体的时间,要考虑到其职业的不同、工作性质的不同、行业细分的不同以及内容属性的不同,在用户最多的时候发布视频,得到的曝光和推荐机会也会更多。

2. "BiliOB 观测者"网站

UP 主可以在搜索引擎搜索"BiliOB 观测者",然后进入其网站首页。大家可以参与到"观测者预测"的互动中来,譬如"哔哩哔哩漫画粉丝数突破 14,000,000 的时间预测",如图 9-31 所示。

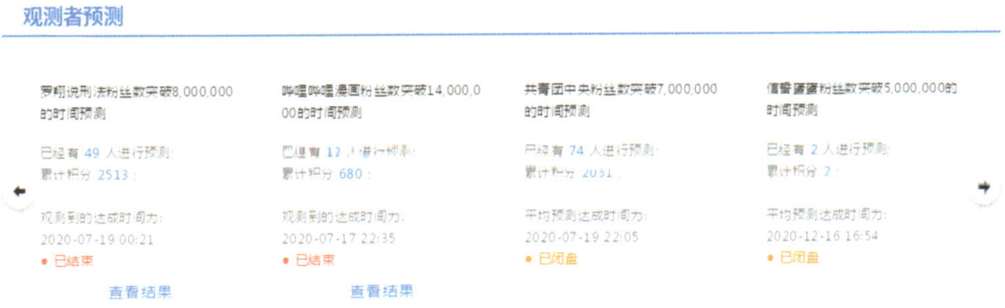

图 9-31　观测者预测

此外,UP 主还可以通过"BiliOB 观测者"首页看到 B 站的飙升关键词,从而更好地为视频寻找热点,如图 9-32 所示。

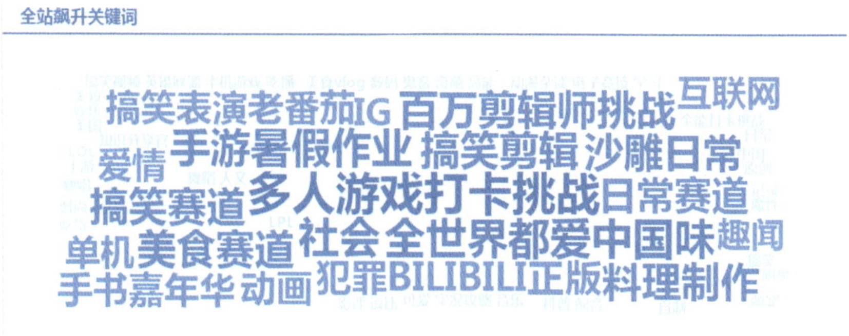

图 9-32 全站飙升关键词

"BiliOB 观测者"网站也有涨粉榜和掉粉榜,如图 9-33 所示。

图 9-33 涨粉榜和掉粉榜

在"BiliOB 观测者"网站可以搜索到更多的 UP 主信息,具体操作如下。

步骤 01 单击"BiliOB 观测者"网站的"UP 主查询"选项,如图 9-34 所示。

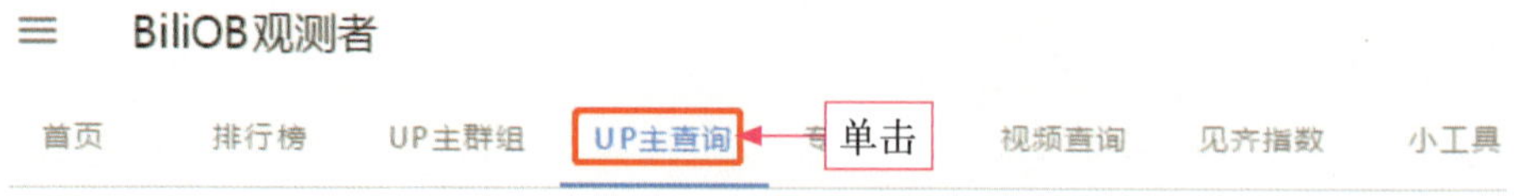

图 9-34 跳转 UP 主查询界面

步骤 02 在搜索框内输入 UP 主昵称，如"木鱼水心"，网页刷新完毕，UP 主单击"木鱼水心"卡片就完成查询搜索了，如图 9-35 所示。

图 9-35 UP 主信息查询

步骤 03 进入 UP 主的详情界面，可以在此界面看到 UP 主的更多信息。如在"基本"栏目下，可以看到 UP 主的"作者简介""UP 主最新数据""UP 主排名数据"等，如图 9-36 所示。

图 9-36 UP 主详情界面

此外，UP 主还能查询"UP 主历史数据""历史变化速率""变化日历""粉丝变化效率""投稿量""播放量"等数据。

9.2 粉丝管理，定位用户

B 站 UP 主可以从粉丝活跃度、新增用户趋势、新增粉丝来源、粉丝排行和粉丝画像这 5 个方面进行用户定位。然后，通过分析自己的用户画像和数据特征，作出针对性的运营策略和精准营销。

下面通过某位摄影 UP 主的账号，对其后台粉丝数据进行分析，让大家学会如何更好地定位目标用户。

9.2.1 活跃粉丝，账号支撑

我们可以通过 B 站后台"创作中心"，来对"粉丝管理"进行了解。如图 9-37 所示，为"粉丝管理"界面。

图 9-37 "粉丝管理"界面

B 站的用户向来都有黏性高的特点，对于 B 站账号，其粉丝的活跃度是考量账号运营是否良好的重要标准之一。如图 9-38 所示，为粉丝活跃度图表。

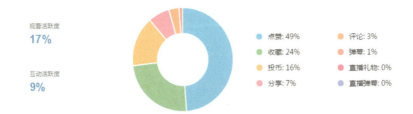

图 9-38 粉丝活跃度图表

从图 9-38 中的数据来看，该 UP 主的粉丝观看活跃度为 17%，互动活跃度为 9%，我们可以通过数据看出该 UP 主的粉丝活跃度相对较低。UP 主应该从自身去找原因，譬如是不是视频内容无法调动粉丝的积极性，是不是很少与粉丝进行沟通交流。找到粉丝活跃度低的问题后，UP 主应该积极寻求解决方案，譬如为视频增加更多有趣的内容，经常推出与粉丝互动的活动。

我们再来看该 UP 主的其他信息：粉丝点赞占比为 49%、收藏占比为 24%、投币占比为 16%、分享占比为 7%、评论占比为 3%、弹幕占比为 1%，直播礼物和直播弹幕占比都是 0%。通过这些数据可以分析得出，该 UP 主应该很少或者不开直播。

9.2.2 新增粉丝，活力供给

B 站账户的粉丝量只有源源不断地增加，才能保证每个视频基本播放量的稳定提升，UP 主可以通过"粉丝管理"界面的新增粉丝趋势图来了解账户粉丝增长情况。如图 9-39 所示，为某 UP 主近 30 天的新增粉丝趋势图。

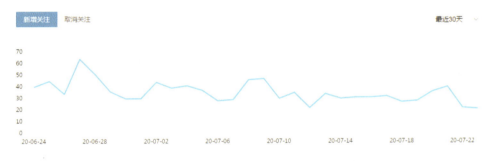

图 9-39　某 UP 主近 30 天的新增粉丝趋势图

通过图 9-39 可以看出该 UP 主的新增粉丝数虽每天都有增长，但是都未超过 70，这就说明 UP 主这个月的吸粉能力还有待增强。如果想了解更多，可以在右上角切换，下面来看看该 UP 主在 2020 年的新增粉丝趋势图，如图 9-40 所示。

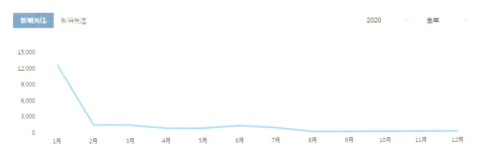

图 9-40　某 UP 主在 2020 年的新增粉丝趋势图

9.2.3 粉丝来源，探寻用户

如果 UP 主想知道自己的粉丝来源于哪个渠道，同样可以在"粉丝管理"中看到。如图 9-41 所示，为某 UP 主新增粉丝来源图。

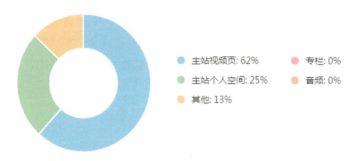

图 9-41　某 UP 主新增粉丝来源图

从新增粉丝来源图来看，该 UP 主的新增粉丝中 62% 来自主站视频页，25% 来自主站个人空间，来自其他渠道的粉丝占比 13%，来自专栏和音频的粉丝占比 0%。从这些数据中可以发现，该 UP 主可能很少更新专栏稿件和音频稿件，没有粉丝来自这两个渠道。因此，该 UP 主如果能更新一些专栏和音频稿件，便可以拓宽自己的吸粉引流渠道。

9.2.4 粉丝排行，铁杆互动

粉丝排行榜在数据分析中有什么作用？粉丝排行榜（累计视频播放时长排行榜、视频互动指标排行榜和动态互动指标排行榜）中的粉丝都可以说是铁杆粉丝，他们身上存在着无限的变现潜能。如图 9-42 所示，为某 B 站账号的粉丝排行榜。

图 9-42　某 B 站账号的粉丝排行榜

9.2.5 粉丝画像，了解粉丝

该 B 站账号是一个定位摄影的账号，其内容主要是 UP 主在世界各地拍摄的星空美景。因此该账号的粉丝也都是爱好星空摄影的人士，而这类人大多以男性为主，从该账号的粉丝性别分布就可窥见一斑，如图9-43所示。

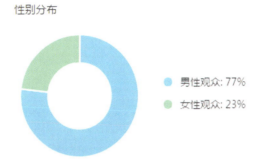

图9-43 粉丝性别分布图

如果UP主想了解粉丝的年龄分布，可以通过"粉丝管理"的粉丝年龄分布图进行查看。如图9-44所示，为某UP主粉丝年龄分布图。

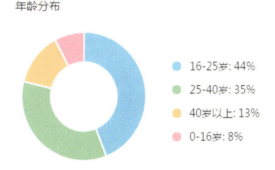

图9-44 粉丝年龄分布图

从UP主粉丝年龄分布图可以得知，该UP主的粉丝年龄大多是年轻人（集中在16~25岁和25~40岁这两个区间内）。UP主通过对粉丝年龄进一步分析，来调整视频内容，让视频更有针对性和干货性。

16~25岁的粉丝大多还在上学，或者刚步入社会，没有多余的资金让他们购买专业的摄影设备，因此这部分粉丝只是单纯对摄影感兴趣，UP主在带货时的产品性价比要相对高一些，以符合这部分粉丝的需求。

25~40岁的粉丝正处于事业上升期，工资足够用来购买相对高昂的设备，因此UP主可适当地推销一些优良的摄影设备。

如果UP主想了解粉丝的地区分布，可以通过"粉丝管理"的粉丝地区分布图来了解。如图9-45所示，为某UP主粉丝地区分布图。

图9-45 粉丝地区分布图

从图9-45中可以看出UP主的粉丝大多位于广东省。而众所周知的是,"北上广深"是一线城市,其中广州和深圳都在广东省境内。根据这些信息,我们大致可以推断出该UP主粉丝的消费能力挺强,UP主带货时价格可以稍微往上提一提。

该UP主定位的是摄影,因此内容偏向日常,这一点我们可以从该UP主粉丝分区偏向图中得到佐证,如图9-46所示。

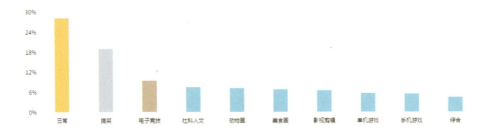

图9-46 粉丝分区偏向图

如果UP主想更加了解粉丝,还可以通过"粉丝管理"中的粉丝喜欢的标签排行表进行查看。如图9-47所示,为粉丝喜欢的标签排行表。

图9-47 粉丝喜欢的标签排行表

通过粉丝喜欢的标签排行表可以看出,该UP主的粉丝大多喜欢"生活""搞笑"和"日常"标签,UP主除了发作品时可以带上这3个标签外,还可以适当地选取一些生活场景进行拍摄。

第 10 章
个人运营，账号管理

学前提示

随着入驻B站账号的UP主的增多，个人账号如何快速地吸引到用户的注意呢？

本章主要从个人品牌、粉丝维护和加入机构这3个方面进行B站账号的运营分析，从而帮助UP主打造B站头部IP。

要点展示

- 个人品牌，建设打造
- 粉丝维护，运营管理
- 加入机构，专业发展

10.1 个人品牌，建设打造

经常使用 B 站手机端观看视频的 UP 主应该发现了，首页推荐是按照个人的使用习惯和观看兴趣进行推荐的，所以你总能在 B 站推荐首页刷上好一会儿，来寻找自己喜欢的内容。

因为系统会根据用户的观看习惯来推荐内容，所以如果你想换个领域内容来学习，可以先查看该领域头部 UP 主的视频。比如想换到游戏区内容，一般用户会看老番茄、敖厂长和某幻君，如果想换到生活区内容，一般用户会看敬汉卿、李子柒和华农兄弟等。如图 10-1 所示，为游戏区和生活区的头部 UP。

图 10-1　游戏区和生活区的头部 UP

为什么用户在换领域内容时，都会不约而同地选择头部 UP 主呢？这是因为他们都形成了自己的个人品牌，他们的名字就是自己所在领域的保证。

有些 UP 主和头部 UP 主一样是在做某领域的内容，视频质量也相差不大，但是视频发布后的效果和数据却相差甚远，这可能就是因为这些 UP 主的个人品牌还比较弱。如果 UP 主想贴近用户，获取用户的互动与支持，打造自己的个人品牌至关重要。我们从以下几点进行分析，带你学会个人品牌的建设。

10.1.1　诊断现状，发现优势

个人品牌对于 B 站任何 UP 主来说都有重要意义，无论你是不是刚开始做 UP 主，都有必要打造自己的个人品牌。一般来说，你的个人品牌通常会展示给 3 类人群，如图 10-2 所示。

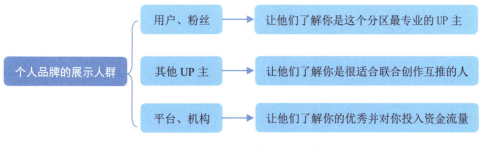

图 10-2　个人品牌的展示人群

UP 主想要成功地打造自己的个人品牌，首先还得分析账号的运营发展现状，下面对账号运营发展现状的 3 个方面进行全面分析。

1. 粉丝关注

粉丝关注，简而言之，就是关注 UP 主的 B 站用户。UP 主可以通过粉丝来了解账号的定位目标，从而更有针对性地创作视频。可能对于新人 UP 主的粉丝数要少于关注数，但是不用气馁，我们还可以在粉丝关注里进行"淘金"。

比如现在 B 站很火的合作视频，UP 主之间通过分工合作进行视频创作。但是有些 UP 主对这种合作视频的认识有误区，认为这种视频肯定是要找某领域的头部 UP 主来合作才会有粉丝引流的效果。

其实不然，我们可以直接在粉丝列表里进行 UP 主筛选，然后对比较合适的 UP 主发起邀请。只要 UP 主之间利用好自己的长处，共同制作出高质量的视频，同样可以为双方进行粉丝引流。

而且从粉丝关注里进行"淘金"，大大降低了 UP 主被拒绝的概率。既然他选择关注你，肯定是你的某些方面也吸引着他。不过在邀约你的粉丝之前，最好先关注一下对方，成为互粉好友。这是你对他的诚意，能大大提高合作机会。

2. 知识能力

无论一个视频有多长时间，其创作都体现着 UP 主的知识能力。B 站作为一个不断输出优质内容的平台，UP 主如果想在这里成为头部 IP，那么势必需要有强大的知识能力来支撑。

优秀的知识能力对 UP 主个人品牌的塑造非常重要，其内容不仅包括书面上的知识和专业上的能力，还包括在 UP 主个人长处的方方面面。例如转笔、做手账、游戏捏脸等都可以成为 UP 主的知识能力，只要你把所擅长的东西努力做好，就会受到 B 站用户的喜爱。

不过需要注意的是，UP 主虽然是一个不断输出内容的本体，在平日也需要不断地输入其他内容，从而满足用户的多种需求。

3. 个人剖析

个人品牌的建设，不光是 B 站账号的运营，还有对自己个人的剖析。我们要学会分析自己的优势和劣势，把好的一面传递给用户，展现出优秀的个人品牌。

不过在个人剖析的过程中，我们还要听听他人对我们的看法。因为自己看自己总是片面的，有些优势和劣势不会被自己发现。如果从他人那里了解到自己的劣势太多，UP 主也不用过于气馁，劣势也有可能转化成你的优势。

普通话能力强应该是一种优势，那普通话能力弱算是劣势吗？在人物品牌的建设上，可不是这样比较的。

比如让游乐王子爆火的原因就是他的"塑料普通话（不标准的普通话）"，因"塑料普通话"的发音不标准，从而演变出了很多新词语，如"雨女无瓜（与你无关）"等。因其新词语的趣味性，使游乐王子深受用户的喜爱。如图 10-3 所示，为其他 UP 主所做的游乐王子剪辑视频。

图 10-3　其他 UP 主所做的游乐王子剪辑视频

每个 UP 主都有自己的优势和劣势，只要你能很好地运用自己的优势和劣势，你的个人品牌也终将会深入 B 站用户内心。

10.1.2　品牌定位，差异运营

个人品牌定位和我们之前在第 3 章说过的个人账号定位有所不同，个人品牌定位是账号定位的更深层次发展。如果说账号定位是 B 站 UP 主的入门，那么个人品牌定位则是通往头部 UP 主的必经之路。

头部 UP 主之所以成为 B 站头部 IP，原因就是他们很好地塑造了个人品牌，而且就算是同领域的 UP 主，其个人品牌定位也有所不同。比如数码区的头部 UP 主"老师好我叫何同学""科技美学"和"短"的发布会，你知道他们的个人品牌定位分别是什么吗？

如果是经常体验 B 站数码区的用户应该会有所了解，如果你想了解某款手机的日常体验，一般会推荐 UP 主"老师好我叫何同学"；如果你想把几款手机进行性能对比，一般会推荐 UP 主"科技美学"；如果你想了解数码圈的新鲜资讯，一般会推荐 UP 主"短"的发布会。

每个头部 UP 主的个人品牌定位都是具有差异的，而且通过这种差异，加深了用户对头部 UP 主的印象。那么，UP 主一般是如何做好个人品牌差异的呢？我们可以从以下 3 个方面进行分析，如图 10-4 所示。

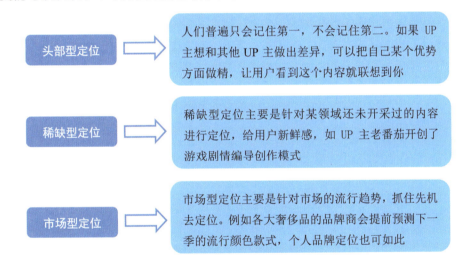

图 10-4　个人品牌差异方法

UP 主可以通过这种个人品牌差异化的展示，使你的视频内容区别于 B 站其他 UP 主，你的视频会更吸引用户眼球，你的粉丝黏性也会更强。

10.1.3　人设塑造，价值导入

什么是人设？人设指的是人物设定，其中包括外貌特征、人物性格、人物能力和生活背景等相关资料。简而言之，就是以一个人物的身份背景为基础，再根据这个人平时的行为而打上的对应标签。

我们见过最多的可能是明星人设，其主要作用是明星用来展示给社会大众的形象。但是人设不仅在公众人物身上，就连我们微信朋友圈这个封闭的社交圈里也有人设，即用户通过发朋友圈的动态来展示自己，在微信好友心目中建立起一种形象。

人与人之间的交往，第一印象很重要，我们虽然不要凭第一印象去论断别人，但别人会用第一印象来评价你，所以对于 B 站平台的视频投稿而言，视频内容就是我们给别人的"第一印象"，别人会通过你发布的视频内容，来初步了解你是一个什么样的人，然后再决定是否再去深层次地了解你。

需要注意的是，我们在给自己塑造人设时，最好围绕自己的身份和背景去塑造。一般来说，我们塑造人设可以用以下 3 种方法。

1. 价值塑造

始于颜值，终于价值。一个好的人设塑造，最重要的就是价值观的形成。价值观是基于人一定观感之上的认知和理解，对人们的行为和定向有着非常重要的调节作用。UP 主如果能够输出好的价值观，就会吸引到更多的粉丝用户，也能使创造出的视频变得更加优质。

每个人的价值观都不同，我们在这里也无法引导大家进行价值观的转变。那么我们在视频中插入价值观时，应该注意哪些方面？具体分析如图 10-5 所示。

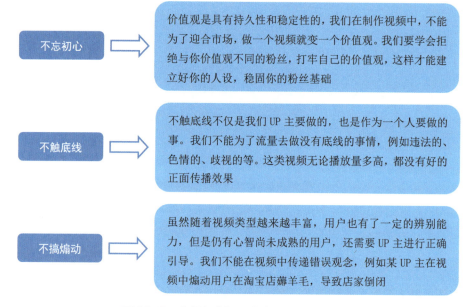

图 10-5　在视频中插入价值观应注意的方面

价值观是一个人随着出生开始，在家庭、学校和社会的共同影响下而逐步形成的。我们尊重每一个人的价值观，它是人们对于客观世界独有的看法，是人独立性的重要标志。但是我们呼吁大家，UP 主作为一种自媒体的存在，生产着丰富的内容知识来影响用户，切忌在视频中传达不正确的价值观，影响社会的稳定健康。

2. 特定标语

特定标语指的是 UP 主标志性的语句，一般会出现在开头，给观看用户留下深刻印象，刻下人设标签。优秀 UP 主的特定标语，几乎都是一句话或不超过三句话的人设文案。如图 10-6 所示，为 B 站 UP 主优秀的特定标语。

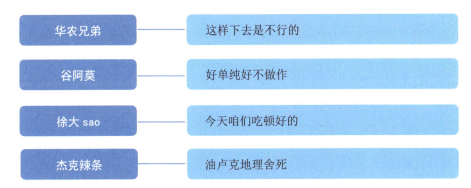

图 10-6　B 站 UP 主优秀的特定标语

特定标语有可能是随意说出的一句口头禅，也有可能是一句符合视频主题的开头语，这些文案都是以符合 B 站人设来进行创作的。通过每个视频的重复出现，给用户留下记忆点。UP 主可以通过特定标语，结合 UP 主的风格特色、人设形象等因素，进行视频的创作，进而获得受众群体的认可，实现人设打造的目的。

打造成功的特定标语，需要从文字和素材本身出发，通过全面认识更好地进行把握，如图 10-7 所示。

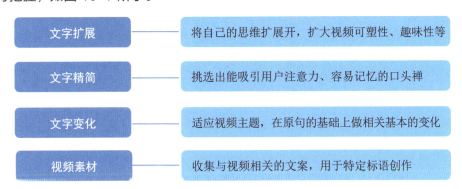

图 10-7　打造成功的特定标语的相关分析

在特定标语的构思方面，UP 主可以把平日的奇思妙想收集起来，意外灵感可能更吸引人。奇思妙想主要是分析和了解视频的戏剧性，然后将这种效果发挥到极致，但是想法本身不能脱离于视频主题，必须是针对用户心理进行的想象。

3. 视觉印象

如果和不认识的人开始交往，我们的第一眼肯定是看不到他的内在世界，因此往往是从他的外表穿着、人物外观来形成印象。用户看 UP 主也是同理，他们会先看视频的封面和标题，所以我们才会用 5.1 一整节的内容来讲视频标题。

UP 主想抓牢粉丝，账号的视觉印象可不能少。一般而言，账号的视觉印象可以从账号名称和头像出发。首先从账号名字出发，一般可以分为 3 种类型，如图 10-8 所示。

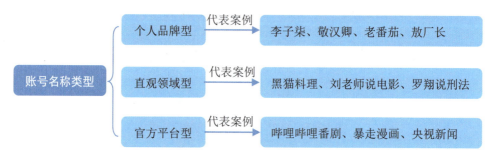

图 10-8　账号名称类型

个人品牌型名称指的是 UP 主选用特定名称来代表账号，优势是花样多、特点强，且适用于所有的 UP 主；劣势是对新人 UP 主不友好，用户通过账号名称不能直接获取该账号对应什么领域的内容。

直观领域型名称指的是 UP 主在名称中加入领域内容，优势是用户能直观感受到账号的内容领域，账号方向更垂直，且用户搜索领域内容时账号更容易被发现，劣势是该名称同类型的太多，竞争压力大，而且没有个人特色。

官方平台型名称指的是 UP 主官方入驻的名称，优势是给用户权威感，还能增强平台影响力和知名度，劣势是只有官方认证机构 UP 主才适用。UP 主选取账号名称一定要针对账号现有情况，发挥账号名称的最大作用。当账号名称选好后，不可忽视的就是账号头像。下面我们先来看一下知名 UP 主头像，如图 10-9 所示。

先由上到下，再由左到右，我们可以一眼看出该头像的 UP 主分别为老番茄、敖厂长、徐大 sao、日食记、机智的党妹和罗翔说刑法。好的头像是 UP 主的第二张脸，是 UP 主对用户进行形象展示的另一种形式。

一般来说，头像选取分为 3 种类型，如图 10-10 所示。

除此之外，视觉印象还可以体现在视频内容的整体上。如美妆区的 UP 主每次出镜时是否展示了本人在爱美上的小细节，科普区的 UP 主在内容展示上的说话表达是否严谨。视觉印象的细节很重要，当你看某直播达人背景满满的口红柜时，是不是潜意识里增加了你对他口红见解的认同。

图 10-9　知名 UP 主头像

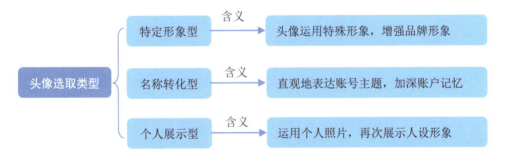

图 10-10　头像选取类型

需要注意的是，无论是账号名称还是头像，选定以后切忌经常更换，经常更换会大大影响用户对账号的记忆。视觉印象的主要作用不是为了美观好看，而是通过视觉印象让用户记住账号。

10.2　粉丝维护，运营管理

粉丝的力量是无穷的，就比如现在一线当红流量明星，支撑他们的可能不是自己的演技和能力，而是拥有了上百万甚至上千万的粉丝。当 UP 主意识到粉丝的重要性时，就可以进一步加强与粉丝的互动，提升粉丝的黏性。

10.2.1　基础情况，针对分析

所谓粉丝运营，我们通常指的是 UP 主对粉丝进行维护和管理，从而增加与粉丝的黏性，来实现视频数据、商业变现能力的提高。针对账号粉丝的基础情况，

可以从粉丝的活跃率、付费率和留存率这3方面进行分析。

1. 粉丝活跃率

粉丝活跃率一般体现在粉丝愿不愿意主动观看你的视频，还有观看之后是否会进行二次操作，如点赞、投币、收藏、分享、评论等行为。粉丝活跃率越高，视频数据才会越好，视频才会被更多人看见。

如果UP主想要提高自己B站账号的粉丝活跃率，可以从以下3个方面入手，如图10-11所示。

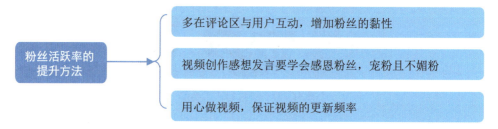

图10-11　粉丝活跃率的提升方法

2. 粉丝付费率

粉丝付费率一般体现在粉丝愿不愿意接受你视频推广的产品并主动购买，从而让品牌商家看到你的商业潜力。粉丝付费率越高，你的商业收入才会越多。

如果UP主想要提高自己B站账号的粉丝付费率，可以从以下3个方面入手，如图10-12所示。

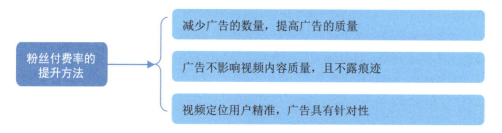

图10-12　粉丝付费率的提升方法

3. 粉丝留存率

粉丝留存率一般体现在粉丝愿不愿意关注你之后永久不取关，自始至终地为你的视频进行留存。粉丝留存率越高，你的粉丝基础才能稳扎稳打地不断提升，你的B站账号价值才会越来越高。

如果UP主想要提高自己B站账号的粉丝留存率，可以从以下3个方面入手，如图 10-13 所示。

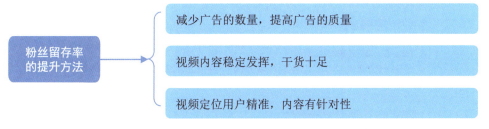

图 10-13　粉丝留存率的提升方法

10.2.2　粉丝细分，分类了解

我们在第 9 章的数据分析内容里，已经把观看视频的用户分成了游客和粉丝，并对他们的画像进行了分析。那针对粉丝，又该如何进行细分呢？一般来说，会把粉丝分为 3 个阶层，如图 10-14 所示。

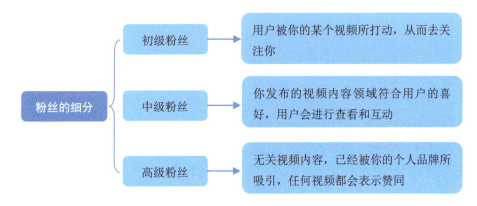

图 10-14　粉丝的细分

这 3 个阶层的粉丝虽然类型不同，但是会互相转化。如果你的视频内容质量硬核，初级粉丝可能会被你的其他视频逐渐吸引，从而转化成你的中级粉丝。如果粉丝再被你的个人品牌观念、人设和价值观吸引，还可能转化成你的高级粉丝。反之，高级粉丝也有可能转化成你的中级粉丝、初级粉丝，甚至流失。

UP 主如果想提高粉丝的阶层，除了把视频内容质量提高外，还可以对粉丝进行管理。如打造粉丝后援团、发放粉丝专属福利等，以提高粉丝的使用体验和黏性。UP 主开通粉丝勋章后即可在"消息设置"中开通应援团，如图 10-15 所示。

UP 主需要明白的是，当 UP 主一个应援团人数达到 1000 人时，系统会自动给 UP 主开通新的应援团。因此，我们经常能看见某些 UP 主应援团人数超过 1000 人时，其应援团名称也就成了"xxx 的应援粉丝团②"。

```
01  应援团FAQ

1. 应援团是什么？
应援团是哔哩哔哩UP主的专属粉丝群

2. 我是UP主，如何开通我的应援团？
UP主开通粉丝勋章后，可以在哔哩哔哩APP消息设置（消息-右上角设置 或 APP设置-消息设置）内创
建我的应援团

3. 我是UP主，如何管理我的应援团？
每个应援团人数上限为1000人，满员后会自动开新团
UP主可以在每个应援团中设置10位管理员协助管理，管理员和UP主一样，可以将指定成员移出应援团

4. 我是粉丝，如何加入UP主的应援团？
领取UP主的粉丝勋章后，前往Web端：消息-我的消息-右上角应援团助手查看"可加入"就可以啦~
```

图 10-15　应援团开通攻略

10.2.3　粉丝运营，核心技巧

很多 UP 主在运营账号的过程中，经常一味地只关注视频的数据情况，而忽略了粉丝的运营，导致账号的粉丝上不去，视频数据也上不去。这两块内容是相辅相成的。下面介绍几方面的技巧，教你如何运营好粉丝。

1. 抓老引新

抓牢老粉丝很重要，引入新粉丝同样重要。我们可以在视频中插入一些引流固粉的话术，来博得用户的好感，从而做到"抓老引新"。如图 10-16 所示，为 B 站部分 UP 主的引流固粉话术。

图 10-16　B 站部分 UP 主的引流固粉话术

以上 UP 主的引流固粉话术通常是在视频的结尾出现，因为用户观看视频快到结束部分，证明该视频得到了用户的认可。UP 主可以用这样的方式表达对新

老粉丝的感谢，还能提醒用户去关注、点赞、投币和转发。

除此之外，我们还可以通过加入互动的方式来"抓老引新"，它和引流固粉的话术有些类似，主要是通过话术来激发沉默用户，掀起用户的讨论，例如"觉得有问题的打个 1，觉得没问题的打个 2""你们觉得这样的行为对吗？"。

加入互动的话术主要是给出选择和提出疑问这两种方式。通过抛出问题，让用户在弹幕区进行讨论，提高视频的弹幕数据。

2. 粉丝需求

我们想服务好粉丝，除了做好自己的视频内容外，还要懂得粉丝的需求。UP 主了解到粉丝的需求之后，就可以更有针对性地做好视频内容。粉丝的需求如果在 UP 主这里得到满足，就会成为你的高级粉丝。

但是作为 UP 主，应该如何了解粉丝的需求呢？一般来说，主要分为 3 种方法，具体分析如图 10-17 所示。

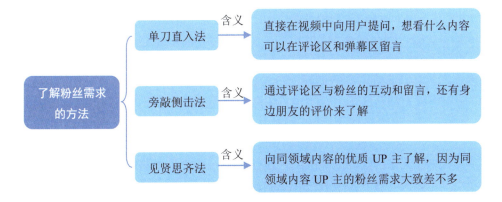

图 10-17　了解粉丝需求的方法

UP 主可以在粉丝需求中了解到粉丝想看什么内容、喜欢什么样的视频风格、视频时长控制在什么时间、广告接受程度、视频的改进建议等。好的粉丝运营需要贴近粉丝，这样才能发挥其作用。

3. 对症下药

如果 UP 主的粉丝运营效果不理想，粉丝规模增长缓慢，那么就说明粉丝运营方法可能有待改进了。下面从 UP 主常见的问题进行分析，对症下药，具体分析如图 10-18 所示。

UP 主在粉丝运营的常见问题上，首先要找出问题的原因，并有针对性地去改善，这样就不愁效果不好了。如发现个人风格不明显，UP 主可以找到自己的个人特点，并在视频里放大，逐渐形成自己的风格。

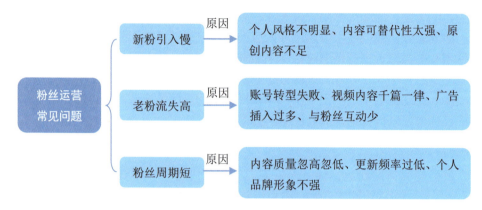

图 10-18　粉丝运营常见问题

10.3　加入机构，专业发展

MCN，是 Multi-Channel Network 的缩写，单纯的个人创作很难形成有力的竞争优势，因此加入 MCN 机构是提升视频内容质量的不二选择。

MCN 机构能提供丰富的资源，帮助 UP 主完成一系列的相关工作，比如管理创作的内容、实现内容的变现、个人品牌的打造等。有了 MCN 机构的存在，UP 主就可以更加专注于内容的精打细磨，从而不必分心于内容的运营、变现。

10.3.1　认识机构，好处所在

MCN 模式来自国外成熟的网红运作，是一种多频道网络的产品形态，基于资本的大力支持，生产专业化的内容，以保障变现的稳定性。

随着视频的不断发展，用户对视频内容的审美标准也有所提升，因此这也要求视频团队不断地增强创作的专业性。一般而言，一个视频是否能够在人群中传播开来，主要取决于内容质量和运营模式。

如果 UP 主只是打造出了质量上乘的内容，却没有好的渠道和资源支持内容的输出，就很难形成大范围的传播，达到理想中的营销效果。但是 MCN 机构不同，相比于 UP 主个人的单枪匹马式作战，它更是一个军队共同在战斗，其好处很多，具体分析如图 10-19 所示。

随着 MCN 机构的不断发展，部分 MCN 机构已经具备了艺人经纪公司的实力。在流量为王的时代，UP 主通过签约 MCN 机构来获得更多视频专业上的帮助，不失为一个不错的选择。

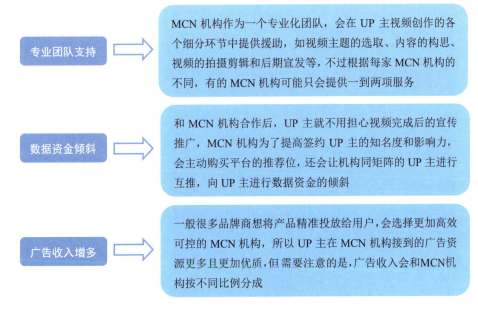

图 10-19　MCN 机构的好处

10.3.2　机构推荐，抓住机遇

MCN 机构的发展也是十分迅猛的，因为视频行业正处于发展阶段，因此 MCN 机构的生长和改变也是不可避免，而大部分视频平台的头部内容基本上也是由几大 MCN 机构助力生产的，如图 10-20 所示。

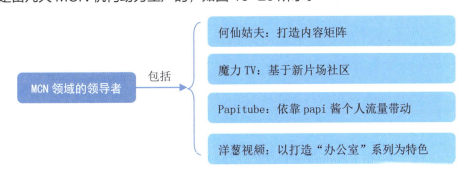

图 10-20　MCN 领域的领导者

目前视频创作者与 MCN 机构都是以签约模式展开合作的，MCN 机构的发展不是很平衡，阻碍了部分网络红人的发展，它在未来的发展趋势主要分为两种，具体如图 10-21 所示。

MCN 模式的机构化运营对于视频 UP 主来说是十分有利的，但同时也要注意 MCN 机构的发展趋势，如果不紧跟潮流，就很有可能无法掌握其有利因素，从而难以实现运营的理想效果。

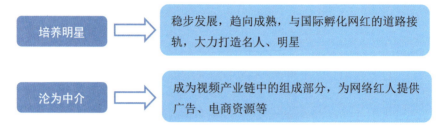

图 10-21　MCN 机构的发展趋势

下面推荐 3 家不错的 MCN 机构，UP 主可以通过介绍对 MCN 机构有更深层的认识，也可以通过了解来选择适合自己的 MCN 机构。

1. 新片场

新片场成立于 2012 年，一开始是以构建视频创作者的社区为主，它聚集了 40 多万的加 V 创作者，从这些创作者生产的作品中逐渐孕育出《造物集》《感物》《小情书》等多个栏目，而这些栏目渐渐地也形成了标签化的 IP。如图 10-22 所示，为新片场官方网址首页。

图 10-22　新片场官方网址首页

新片场是国内比较领先的新媒体内容出品发行商，其定位也是多品牌的内容管理平台。UP 主可以在这里通过公司强大的资金、团队和能力来更好地创作视频，打造出个人品牌。

2. 火星文化

火星文化主要是以直播为主的 MCN 机构，它拥有一套完整的艺人培训、电商主播培养的孵化流程。如图 10-23 所示，为火星文化官方网址首页。

图 10-23　火星文化官方网址首页

火星文化发展速度很迅猛，曾在 2018 年、2019 年这两年里连续获得淘宝直播 TOP 机构的称号，是国内比较领先的 MCN 机构。在 2019 年，火星文化还对产品服务进行了业务升级，在自媒体、视频推广等领域里也进行不断拓展。

随着火星文化的内容完善，再加上 B 站直播行业的迅速发展，UP 主可以通过火星文化更好地在 B 站的视频创作和直播板块上发展。

3. 超电文化

超电文化的前身为哔哩哔哩文化，是 B 站董事长兼 CEO 陈睿在 2014 年成立的。它是国内专业的 UP 主商业化运营平台，为 B 站的本土化 MCN 机构。如图 10-24 所示，为超电文化官方网站首页。

图 10-24　超电文化官方网站首页

超电文化拥有着 Z 世代的线下活动品牌 BML 和 BW，其签约 B 站 UP 主人数已经有 200 多人。因超电文化与 B 站官方的深度合作，还有对运营 UP 主的针对性经验，让超电文化成为 UP 主的优质选择之一。

10.3.3　签约细节，避免受骗

虽然 MCN 机构的好处很多，但是 UP 主不应该被好处蒙蔽了眼，是否应该签约 MCN 机构还需慎重考虑。好的 MCN 机构对 UP 主如虎添翼，而不好的 MCN 机构则会将 UP 主拉入深渊。

当 UP 主决定加入 MCN 机构时，则代表你要专业化地去做这些事，就需要你投入更多的时间和精力。而且 MCN 机构其实也是公司的一种形式，对你的视频创作还是有一定的限制性。

当你真正决定好加入 MCN 时，一定要注意 MCN 机构的资质，不然就会遇到骗子公司，下面列举几个主要的签约骗局，如图 10-25 所示。

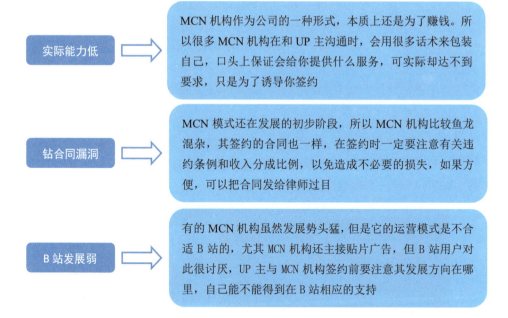

图 10-25　MCN 机构的主要签约骗局

UP 主在签约 MCN 机构的时候一定要擦亮眼睛，仔细看清要求。例如有些 MCN 机构会要求 UP 主在全网投稿视频引流，那 UP 主就难以与 B 站形成深度合作，所以 UP 主如果只想在 B 站中发展，这个要求就要慎重考虑了。

第 11 章
品牌运营，营销推广

学前提示

在所有品牌方眼里，B 站这个 Z 世代的乐园都是一块"大饼"。那么作为品牌方，该如何在 B 站瓜分到这一块"大饼"呢？

本章主要从营销技巧和经典案例这两方面进行品牌运营分析，铺好品牌方在 B 站的营销之路。

要点展示

- 内容营销，推广技巧
- 经典案例，学习经验

11.1 内容营销，推广技巧

随着 B 站流量的逐渐增长，其商业模式也慢慢成熟起来。因此，越来越多的品牌方开始把目光转向了 B 站，那么品牌方要如何在 B 站进行营销呢？

品牌方想在 B 站做好品牌营销，最重要的就是做好内容营销，而在 B 站的内容营销上主要分为 3 点，如图 11-1 所示。

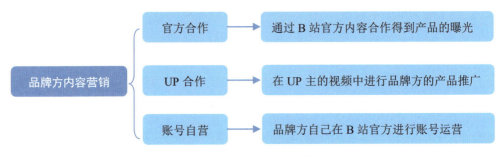

图 11-1　品牌方内容营销

下面着重讲解内容营销的这 3 种模式，通过其推广形式的原理，让品牌方在 B 站更好地进行营销投放。

11.1.1 官方合作，专业推广

在本书第 2 章讲 B 站的红利之处时，笔者在"品牌广告，商业潜力"这一小节中就说过，B 站官方会为品牌方的推广进行相应的活动定制，如"万物皆可奥利奥"活动。除此之外，品牌方通常还会购买推荐位，如软件开屏广告和首页焦点图等推荐位。这里我们就不一一赘述了。

那品牌方与 B 站官方的内容营销该怎么做呢？与活动定制、购买推荐位不同，内容营销是指品牌方与 B 站官方影视内容进行合作，其影视内容一般包括购买版权的番剧、自制综艺、纪录片、游戏竞技、体育赛事等。

品牌方通过在这些与 B 站紧密契合的影视内容里插入品牌理念和推广产品，从剧情里潜移默化地走向 B 站用户的内心，使产品内容能很好地被用户所接受，最后完成产品的转化。

比如，品牌方云南白药牙膏与 B 站自制烧烤文化纪录片《人生一串》第二季的合作，因为纪录片《人生一串》第一季的制作精良，为这个 IP 话题吸引了大量的用户，这也让第二季开播 10 分钟就冲上 B 站榜首。如图 11-2 所示，为 B 站的纪录片《人生一串》第二季。

为了打响云南白药牙膏的品牌形象，纪录片《人生一串》第二季还特别设置了情义带货的环节，让第一季的"串儿老板"在视频里对云南白药牙膏进行夸赞，

把云南白药牙膏的产品内容与纪录片内容呼应起来。

图 11-2　B 站的纪录片《人生一串》第二季

同时，B 站还定制了相关主题活动，从撸串的内容切入，让各分区 UP 主再次延伸品牌场景，分享口腔牙龈知识，促进产品的转化。

又如，品牌方高洁丝与 B 站购买的人气番剧 Citrus 进行合作，通过番剧的番外篇，来进行高洁丝夜安裤产品的推广。如图 11-3 所示，为人气番剧 Citrus 引入产品的对话内容。

图 11-3　人气番剧 Citrus 引入产品的对话内容

番剧 Citrus 的目标用户人群是青春时代的女性，刚好与高洁丝夜安裤的目标用户不谋而合。该番剧运用二次元人物的口吻，生动形象地阐述了少女在成长中遇到的这种烦恼，从而引出推广的产品。

而且产品紧密贴合剧情，如产品在使用过程中的感受就如主人公相互之间的关怀与温暖。这种广告形式很好地加深了用户对高洁丝产品的认识，而且更能被用户所认同。品牌方高洁丝也专门为番剧 Citrus 粉丝做了联名款产品来提高销量，如图 11-4 所示。

图 11-4 高洁丝联名款产品

品牌方与官方合作的内容营销在具体形式上还有很多，不过像这种形式的内容营销成本高且专业性强，因此其通常更适用于知名度高、实力强的大型品牌。

11.1.2 UP 合作，高效选择

因为 Z 世代年轻人是陪伴着互联网一起长大的一代人，所以他们已经习惯了广告。只要品牌方在广告形式上足够用心，就能被用户所接受。

例如，虽然大部分 B 站 UP 主主打"为爱充电"（不追求利益，只是因为热爱某方面而制作视频），但是 UP 主进行适当"恰饭（接广告）"，大部分用户也能理解。广告如果不影响 UP 主的视频质量，用户看到 UP 主的广告也不会产生反感心理，如图 11-5 所示。

图 11-5 弹幕区用户对 UP 主接广告进行祝贺

与 UP 主进行商业合作是品牌方在 B 站进行内容营销的常用模式之一，很

多品牌方会通过 B 站平台私信或者 MCN 机构来联系 UP 主，将自己的产品通过硬广（是指直接介绍产品内容的传统灌输型广告）或软广（是指在自然的文字和行为下不露痕迹地宣传产品）的方式插入到 UP 主的视频之中，从而达到产品宣传推广的目的。

关于如何在视频中进行广告植入的相关内容，我们会在本书第 12 章第 2 节中具体进行讲解。在这里，我们先来讲述品牌方在与 UP 主合作的内容营销上，该如何选择合适的 UP 主。

截至 2020 年 7 月底，B 站已破百万粉丝的账号达到了 367 个，根据往年 B 站具备商业价值的 UP 主的数据，预测如今具有广告投放价值的 UP 主已经达到 4000 个左右。品牌方如果要通过与 UP 主合作进行内容营销，首先要明确内容营销的目的。一般来说，品牌方内容营销的目的主要有两个，如图 11-6 所示。

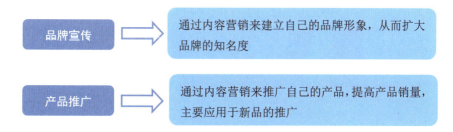

图 11-6　品牌方内容营销的目的

品牌方在内容营销的 UP 主选择上，不一定要找头部 UP 主进行投放，虽然这类 UP 主粉丝体量大，能在短时间内提高品牌知名度，增加产品销量，但同样也有不利之处，其合作费用比较高，还不一定会有很好的 ROI（投资回报率）。

所以品牌方应该不断地对 UP 主进行筛选，从而选择适合品牌投放的 UP 主。品牌方可以针对以下 3 个方面来筛选 UP 主，如图 11-7 所示。

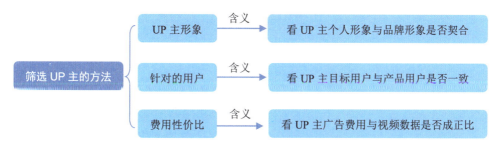

图 11-7　筛选 UP 主的方法

筛选 UP 主主要是为了让品牌和产品能更好地得到展示，只有两者的形象相贴合，才能更好地扩大品牌的知名度。如果品牌方选择了个人形象比较负面的

UP 主，甚至还会对品牌形象造成不良影响。

筛选 UP 主针对的用户主要是为了使产品能有目的地面向目标用户，只有 UP 主和品牌方的目标用户一致，才能更好地提高产品的销量。我们可以根据分区特性进行 UP 主的选择，比如手机和电子产品品牌适合选择数码区 UP 主，化妆品和服装品牌适合选择时尚区 UP 主。

筛选费用性价比主要是为了减少品牌方的广告成本，提高其经济效益，只有 UP 主的费用和数据成正比，才能更好地使品牌方觉得广告费没白花。查看数据时，最好选取近期的视频数据进行对比，且要查看数据浮动得是不是很大。

同样的目标和预算，选择的 UP 主不同，其结果可能也会出现较大的差别。这就需要品牌方认真选择合作的 UP 主了。另外，品牌方如果想与某位 UP 主进行合作，却不知道对方的联系方式，可以以站内私信的方式联系他，如图 11-8 所示。

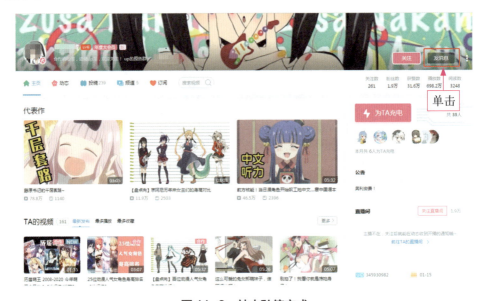

图 11-8　站内私信方式

不过一般知名 UP 主的粉丝量都很多，私信同样也多，你的消息可能并不会被 UP 主看到。所以我们还要从其他渠道来了解 UP 主的联系方式，例如查看 UP 主的主页公告。如图 11-9 所示，为某 UP 主的主页公告。

除此之外，B 站为了促使品牌方与 UP 主的合作更加便捷，还正式上线了花火商单平台。如图 11-10 所示，为 B 站花火平台首页。

花火平台为 UP 主提供了系统报价参考、订单流程管理、平台安全结算等功能，为品牌主提供了 UP 主智能推荐、多维数据展示、多项目协同管理等服务。

图 11-9　某 UP 主的主页公告

图 11-10　B 站花火平台首页

不过 UP 主在花火平台操作时，需要注意花火视频在晚上 11 点之后无人进行审核，上传视频至少需要预留 4 小时。另外，UP 主无法直接在花火平台线上进行提现，所以品牌方需要选择其他方式打款，如微信、支付宝、银行卡转账等。

品牌方与 UP 主合作时，一定要遵循 B 站 UP 主的原始风格，不过多参与视频创作。因为每个 UP 主都有其独有的特点，这也是 UP 主吸引用户关注的重要因素。

11.1.3　账号自营，本土融入

和大部分互联网平台一样，B 站也有官方入驻，并且还可以通过提交相关资料，申请认证，认证方式详情请看第 4 章第 2 节。

随着 B 站的破圈推广，虽然有大量的明星开始入驻 B 站，但是 B 站的品牌方账号运营还处于发展的初期，目前品牌方入驻的数量还是比较少的，而且粉丝数量基本都在 100 万以下。

例如，在手机厂商中，截至 2020 年 7 月底，小米公司收获粉丝量 90.1 万、播放量 3071.9 万、获赞数 187.7 万；华为终端收获粉丝 76.8 万、播放量

1431.9万、获赞数233.4万；魅族科技收获粉丝37.4万、播放量232.3万、获赞数78.4万；一加手机收获粉丝26.4万、播放量629.3万、获赞数53.2万。

上面这个案例中的这些公司账号，虽然粉丝量都没有破100万，但是，它们推出的B站视频却很容易出圈，从而给品牌增加知名度。所以品牌方只要把账号内容质量做好，账号自营这种内容营销方式不失为一个不错的选择。

那什么样的品牌适合在B站进行账号自营呢？一般来说，因为B站圈层文化的特性，越具有内容属性的品牌越适合在B站进行账号自营。下面介绍几类比较适合在B站进行账号自营的品牌类型，如图11-11所示。

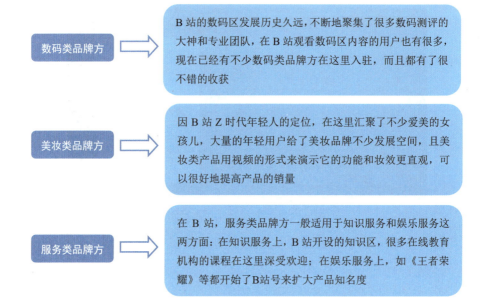

图11-11 适合在B站进行账号自营的品牌类型

品牌方在B站进行账号自营的发展空间是很大的，它与官方合作、UP合作这样的形式不同，能让品牌方对自己品牌形象的建立有了更多的发挥空间，还可以持续地输出内容。

不过B站与其他视频平台不同，想进入B站用户的内心，我们需要学会接受B站的文化。众所周知，B站最主要的文化就是弹幕文化，随着弹幕文化的发展，其衍生出的"玩梗"内容越发地突出。

那什么是"玩梗"呢？"梗"在中国古代有个别名为"典故"，也就是用某个词来定义背后的某段故事。"玩梗"的本意也是为了使信息传递效率高，当你要讲述一个道理的时候，一个简洁的梗很明显比一长串话更容易传播，且用户看到这个简洁的"梗"就可以心领神会。

但是"玩梗"肯定不止"梗"这么简单，它还侧重于"玩"。"玩梗"主要讲究趣味性，以有趣的"梗"来进行系列视频的创作。UP主们就会围绕这个"梗"，在B站开始疯狂式地创作。

比如，因国家发音的差异，使某国内女星在韩国颁奖礼上的韩语读音比较有趣，很多UP主为此就进行了"玩梗"创作，如图11-12所示。

图11-12　UP主的"玩梗"创作

不止明星，品牌也同样会被这样"玩梗"，所以品牌选择入驻B站后，一定要能接受B站的所有文化，这样品牌才能真正融入B站。

11.2　经典案例，学习经验

通过上一节对品牌方内容营销技巧的分析，相信大家对品牌方在B站的营销推广有了一定的认识。下面通过品牌方的经典营销案例，带大家来深度学习品牌营销的推广技能。

11.2.1　小米公司，云发布会

首先来讲一个比较特殊的案例——小米的云直播发布会。小米手机新品"小米10"的发布过程可谓是十分坎坷，因为这款手机准备发布的时间正是我国新型冠状肺炎疫情比较严重的时期，全国人民都在家进行自我隔离。

在这种紧要关头，小米公司只能被迫取消原计划的线下新品发布会。但是小米公司如果想要尽可能减少因疫情对公司的冲击，那这款新品的发售只能提上日程。经过思考，小米公司最后决定与自己的老朋友B站一起，共同开展了一个纯线上的新品直播发布会。

通过在 B 站的宣传预热，以及在各大平台上的推广，这场史无前例的云发布会使小米新品成为万众瞩目的焦点。在 2020 年 2 月 13 日，该云发布会直播的实时观看达 1500 万，观看量达 2100 万，弹幕达到 260 万条。如图 11-13 所示，为小米云发布会喜报。

图 11-13　小米云发布会喜报

本场直播一共持续了 72 小时，根据不同的时间线向用户展示不同的内容，直播间的内容都是由 B 站的优秀 UP 主来完成，总共有 48 位 UP 主陪用户一同度过这 72 小时。如图 11-14 所示，为小米直播部分节目单。

图 11-14　小米直播节目单

这场以"休想打败我的生活！"为主题的云发布会很好地贴近了热点时事，服务了那些宅在家的目标用户。其直播的内容向广大用户传播了积极正能量，使品牌的赞誉度不断得到提高。

11.2.2 钉钉品牌，放下姿态

如果说小米公司是通过与B站官方合作来达到经济效益的提升，那么钉钉品牌就是以一己之力力挽狂澜。这到底是怎样一回事呢？

因新型冠状肺炎疫情的影响，教育部为了守护学校学生的身体健康，把线下教室上课改成了网络授课的形式。而钉钉作为阿里巴巴旗下最大的移动办公品牌，成为不少学校上网课的首要选择。

老师可以通过钉钉的群直播、家校练习本、视频会议等功能对学生进行上课，钉钉的作业布置、作业统计和评讲等功能使日常工作更加高效，如图11-15所示。

图11-15 钉钉为网课服务的功能

但是由于学生们无法习惯这种网上授课的形式，因此学生们对钉钉品牌的感受都不佳。再加上有传言"软件在应用平台分数低于1分就会被下架"，这让很多学生都调皮地去各大应用平台打低分，导致应用的评分降到很低，如图11-16所示。

虽然这个传言是假，应用商城下架软件一般都是因为其软件违法、侵权、刷量、低俗等原因，和软件的评分无关。但是这种持续被打低分的情况对品牌形象来说实在不好，于是钉钉坐不住了，开始在微博里向用户"求饶"，还叫来了阿里巴巴旗下的其他官方账号来共同向用户说情，希望用户不要再打低分，如图11-17所示。

但是这样的"求饶"给钉钉带来的效果甚微，钉钉只能破釜沉舟、另辟蹊径。最后直接在B站开始进行"自黑"，通过1分45秒的"钉钉本钉，在线求饶"的视频扭转了局面，如图11-18所示。

图 11-16　钉钉在应用平台的评分

图 11-17　钉钉品牌在微博的"求饶"

图 11-18　钉钉的"自黑"视频

视频以魔性的旋律、洗脑的台词,深深地击中了年轻用户的内心,让学生们感受到了钉钉的诚意。经过钉钉这一系列的操作后,钉钉的风评扭转,品牌形象也在用户心目中得到了改善,软件评分开始上涨。

截至 2020 年 7 月底,该条视频已经在 B 站累计收获播放量 2615.3 万,评论量已经达到 33.2 万,获赞量达到了 178.2 万。而钉钉账号主体粉丝数也达到了 117.9 万,总播放量达到了 8075.1 万,获赞量达到了 908.5 万。

钉钉品牌方通过 B 站的"玩梗"文化制作视频,更加贴合了年轻用户的心理,从而为自身品牌做了很好的危机处理,也为其他品牌作出了很好的示范。

11.2.3 一加公司,卖点展示

和前两个案例品牌方的内容营销形式不同,一加手机在"一加 One Plus8"新品的内容营销形式上,主要是选用了与 UP 主合作的形式。如图 11-19 所示,为一加手机新品"一加 One Plus8"。

图 11-19 一加手机新品"一加 One Plus8"

一加手机为了促进"一加 One Plus8"的产品转化,提高其产品的销量,想了很多推广方法。其中比较亮眼的内容,就是在 B 站分别选择了 3 个不同内容分区的头部 UP 主进行合作,如图 11-20 所示。

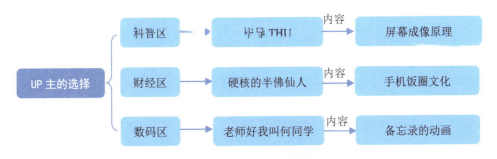

图 11-20 UP 主的选择

一加手机通过与 UP 主的合作视频，详细地向用户展示了"一加 One Plus8"产品的特点。下面具体分析一加手机和这 3 个头部 UP 主的合作，从而了解品牌方如何实现其经济效益的最大化。

1. 与毕导 THU 合作

2020 年 4 月，一加手机和 UP 主毕导 THU 开展了合作，通过相关视频的创作来推广新品"一加 One Plus8"。如图 11-21 所示，为与 UP 主毕导 THU 的合作视频。

图 11-21　与 UP 主毕导 THU 的合作视频

毕导 THU 是科普区的 UP 主，视频主要是讲解视觉错位原理，从电影技术的历史延伸到手机屏幕的刷新率，从而引出"一加 One Plus8"的 120Hz 高质量屏幕。

如果品牌方在产品上拥有某项突出的科技时，可以考虑投放像毕导 THU 这样的科普区 UP 主，因为它能把产品的过人之处更好地解释给用户。

2. 与硬核的半佛仙人合作

UP 主硬核的半佛仙人在与"一加 One Plus8"的合作视频中，仍然延续了其幽默的吐槽风格。如图 11-22 所示，为与 UP 主硬核的半佛仙人的合作视频。

视频通过讲解手机的历史文化，批判了市面上过度营销倾向的手机品牌，侧面夸奖了一加手机的低调用心，并从此引出了"一加 One Plus8"新品的优势。

和 B 站主流的手机测评广告不同，该视频运用了吐槽手机饭圈化的现象来凸显一加手机的优点。

图 11-22　与 UP 主硬核的半佛仙人的合作视频

3. 与老师好我叫何同学合作

而何同学与"一加 One Plus8"合作，则是巧妙地使用手机的功能制作了一个推广视频。如图 11-23 所示，为与 B 站老师好我叫何同学的合作视频。

图 11-23　与 UP 主老师好我叫何同学的合作视频

为了凸显"一加 One Plus8"新品高达 120Hz 屏幕刷新率的卖点，何同学用手机屏幕进行录屏，用一万行的备忘录滚动效果做成了一个动画，从而形成了模拟帧速率为 120 帧 / 秒的视频。

在视频中，何同学清楚、明白地介绍了帧速率的原理，让用户感受到屏幕刷新率对于日常使用手机体验的影响，而且视频还让用户很简单地学会了这个技能，使该视频得到广泛传播，也从侧面推广了"一加 One Plus8"。

第 12 章
商业变现，实现盈利

学前提示

B 站获利方式相对来说比较多，除了 B 站内部的官方扶持外，UP 主还可以积极探索站外变现方式，如广告变现、电商变现、课程变现等。

本章主要从 B 站的商业变现模式出发，帮助 UP 主实现经济效益的最大化。

要点展示

- 官方扶持，基础变现
- 视频广告，高效变现
- 更多方式，长期变现

从零开始学 B 站视频运营和推广

12.1 官方扶持，基础变现

B 站从一个二次元内容分享网站逐渐发展成综合性的视频网站，其内部变现方式也逐渐变得多种多样，UP 主可以参与官方相关的扶持计划，快速实现变现。

12.1.1 创作激励，官方奖赏

B 站在 2018 年年初推出了"创作激励计划"，让 UP 主们通过原创视频获得相关收入。"创作激励计划"的主要适用内容范围是 B 站的视频、专栏稿件和 BGM 素材。如果 UP 主上传的内容符合以下任意条件，即可申请加入"创作激励计划"，如图 12-1 所示。

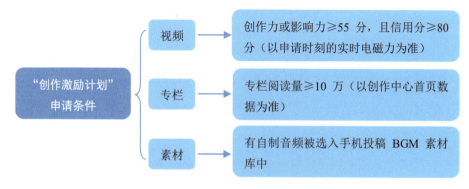

图 12-1 "创作激励计划"申请条件

当 UP 主加入"创作激励计划"后，播放量达到一定水平时，即可获得平台的分成，如图 12-2 所示。

图 12-2 创作激励平台分成

12.1.2 充电计划，电池转化

UP 主可在"稿件管理"界面中申请加入"充电计划"，审核通过后，UP

主即可接受 B 站用户的电池打赏，如图 12-3 所示。

图 12-3　充电计划

B 站推出"充电计划"的原因主要有 3 个。

（1）"充电计划"的推出不会影响普通用户观看视频和发送弹幕的体验。

（2）"充电计划"旨在鼓励 UP 主创作原创内容。

（3）保持 UP 主的独立性，扩展 UP 主的经济来源。

B 站用户进入 UP 主个人界面，即可看到本月有多少用户给他"充电"。比如打开 UP 主"进击的金厂长"的个人界面，可以看到本月有 256 人给他"充电"。当用户在该界面进行"充电"，就会弹出"请选择充电电量"弹窗，用户可在此弹窗内自定义"充电电池"，如图 12-4 所示。

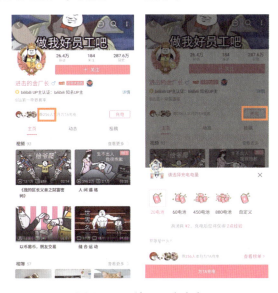

图 12-4　给 UP 主充电

值得注意的是，人民币 1 元即可兑换 10 个 B 站电池。每个月 5 日，UP 主上个月的电池就会自动转换为贝壳，10 个电池转化成 1 个贝壳。UP 主可以通过贝壳进行提现，从而实现商业变现。

12.1.3 绿洲计划，不断探寻

截至 2020 年 6 月，B 站的"绿洲计划"还处于试运营状态，B 站希望通过这个计划让 UP 主在商业和创作之中取得平衡，如图 12-5 所示。

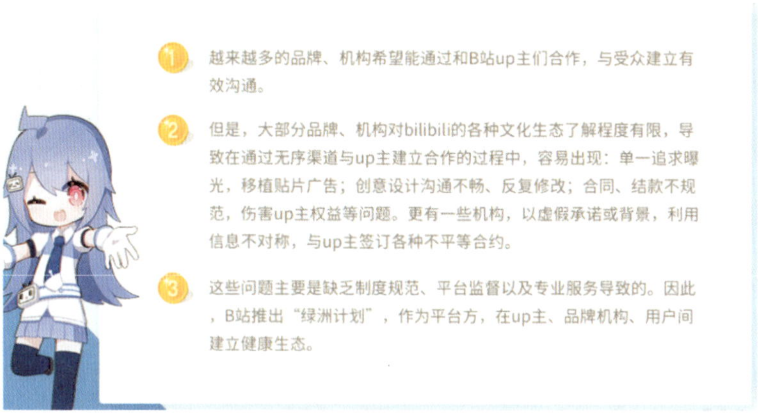

图 12-5　"绿洲计划"背景

UP 主参与这个计划后，不仅能获得与广告商合作的机会，而且 UP 主的利益也会受到进一步的保护，如图 12-6 所示。

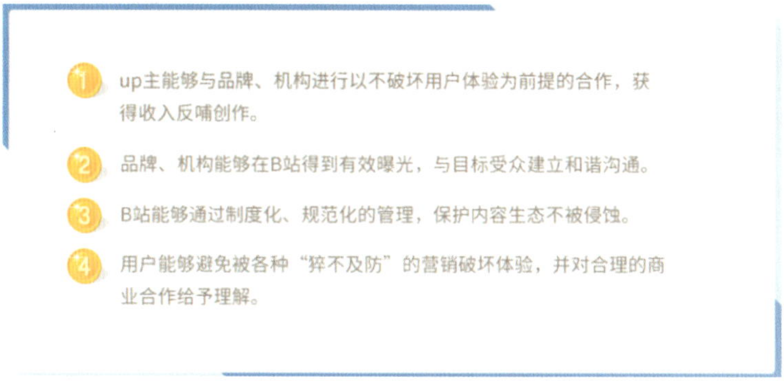

图 12-6　"绿洲计划"目的

12.2　视频广告，高效变现

广告变现是 UP 主视频盈利的常用方法，也是比较高效的一种变现模式。视频中的广告形式可以分很多种，比如冠名商广告、浮窗 Logo、广告植入、贴片广告以及品牌广告等。一般来说，与 UP 主的视频广告合作基本流程如图 12-7 所示。

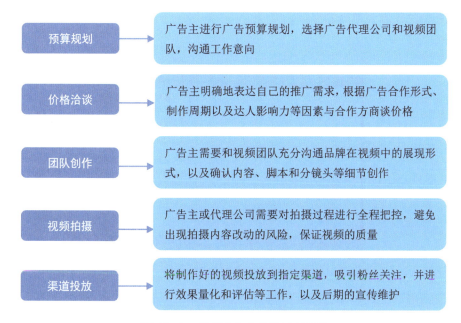

图 12-7 视频广告合作的基本流程

那么，究竟什么样的视频才能通过广告变现呢？我们认为一是要拥有上乘的质量，二是要有一定的人气基础，如此才能实现广告变现的理想效果。下面分别介绍视频平台中常见的几种广告变现方式。

12.2.1 冠名广告，直截了当

冠名广告，顾名思义，就是在节目内容中提到品牌名称的广告。这种打广告的方式比较直接，相对而言比较生硬。冠名广告主要有 3 种表现形式，如图 12-8 所示。

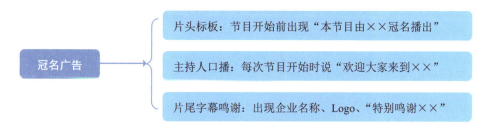

图 12-8 冠名广告的主要表现形式

在视频中，冠名广告同样也比较活跃，一方面企业可以通过资深的 UP 主发布的视频打响品牌、树立形象，吸引更多的忠实客户；另一方面视频平台和 UP 主可以从广告商方面得到赞助，成功地实现变现。如图 12-9 所示，为罗翔说刑法发布的关于厚大教育的视频。

图 12-9 罗翔说刑法视频的冠名广告

需要注意的是，冠名广告在视频领域的应用还不是很广泛，原因有两点：一是投入资金比例大，因此在选择投放平台和节目的时候会比较慎重；二是很多有人气、有影响力的 UP 主不愿意将冠名的广告放在片头，而是放在片尾，目的是不影响自己视频的品牌性。

12.2.2 品牌广告，量身打造

品牌广告的意思就是以品牌为中心，为品牌和企业量身定做的专属广告。这种广告形式从品牌自身出发，完全是为了表达企业的品牌文化、理念而服务，致力于打造更自然、更生动的广告内容，如图 12-10 所示。

图 12-10 品牌广告

该视频主要围绕品牌方产品的特点、口味进行详细介绍，使用户更清楚地了解到品牌产品，提升品牌产品的知名度。这样的广告变现更高效，因此其制作费用相对而言也比较昂贵。

12.2.3 贴片广告，紧随内容

贴片广告是通过展示品牌本身来吸引大众注意的一种比较直观的广告变现方式，一般出现在片头或者片尾，紧贴着视频内容。

贴片广告的优势有很多，这也是它比其他的广告形式更容易受到广告主青睐的原因，其具体优势包括以下 5 点，如图 12-11 所示。

图 12-11 贴片广告的优势

贴片广告的变现方式是比较靠谱的，从它的几大优势中就可以看出。但是值得注意的是，虽然很多视频平台都已经开始采用这种广告变现模式，并获得了比较可观的收益，但是因为 B 站是一个主打不加贴片广告的平台，所以贴片广告变现在 B 站中是不太适用的。

12.2.4 植入广告，形式多样

广告植入就是把视频的内容与广告结合起来，它一般有两种形式：一种是硬性植入，不加任何修饰地将广告植入视频中；另一种是创意植入，即将视频的内容、情节很好地与广告的理念融合在一起，不露痕迹，让观众不容易察觉。

相比较而言，很多人认为创意植入的效果更好，而且受众的接受程度更高，但也有人认为只要有想法、产品质量好，不需要那么多套路。不管是哪一种植入方式，目的都是变现。因此只要达成了营销的理想效果，都是一样的。

从制作上来看，硬性植入和软性植入也有很多不同，具体体现在两个方面，如图 12-12 所示。

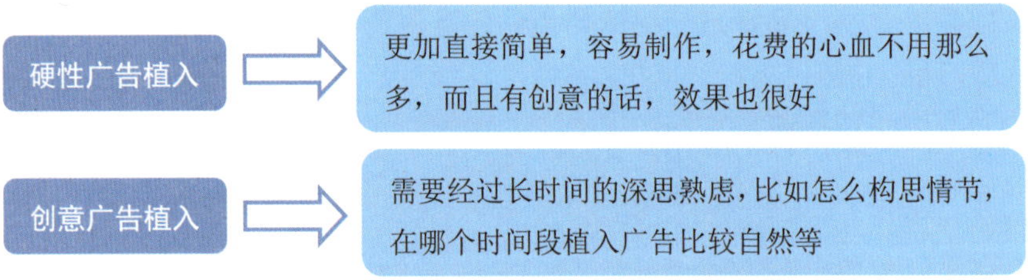

硬性广告植入
更加直接简单，容易制作，花费的心血不用那么多，而且有创意的话，效果也很好
创意广告植入
需要经过长时间的深思熟虑，比如怎么构思情节，在哪个时间段植入广告比较自然等

图 12-12　不同广告植入方式的制作要求

在视频领域中，广告植入的方式除了可以从“硬”广和“软”广的角度划分，还可以分为台词植入、剧情植入、场景植入、音效植入和道具植入等方式，下面详细介绍这些方式是怎么运作的。

1. 台词植入，简单高效

台词植入的意思是视频的主人公通过念台词的方法直接传递品牌的信息、特征，让广告成为视频内容的组成部分。如图 12-13 所示，为 UP 主“爱做饭的芋头 SAMA”在视频中通过台词植入小龙虾的广告。

为了有吃不完的小龙虾，我也是拼了......
这次我也同时在店里上新了藤椒和黑椒

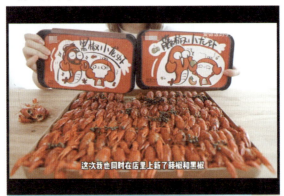

图 12-13　台词植入

这样的植入方式不仅直观地展示了相关产品的优点、性能，而且还能够有效地提升观众对品牌的认同感、好感度等。

2. 剧情植入，潜移默化

剧情植入就是将广告悄无声息地与视频的内容剧情结合起来，比如 UP 主收快递的时候，吃的零食、搬的东西以及去逛街买的衣服等，都可以作为植入广告，如图 12-14 所示。

图 12-14　剧情植入

该视频的 UP 主来自美食区，通过美食测评内容切入，以本次外卖价格昂贵来引入话题，逐渐延伸到自己最近发生的开心事、遇到的特别好用的东西，很自然地把推广产品当作爱用物分享给观看用户。

剧情植入往往与台词植入的方式相结合，打造出来的广告植入方式更加具有说服力，而且值得一提的是，众多电视节目中的广告植入方式都是以这两种为主。

3. 场景植入，标志性强

场景植入是指在视频画面中通过一些广告牌、剪贴画、标志性的物体来布置场景，从而吸引观众的注意，如图 12-15 所示。

图 12-15　场景植入

图12-15的视频中多次展示了这家日料店的名称、牌匾以及日式环境装饰,通过场景加深用户对产品的记忆点,从而达到品牌推广的目的。

4. 音效植入,声声入耳

音效植入是指用声音、音效等听觉方面的元素对受众起到暗示作用,从而传递品牌的信息和理念,达到广告植入的目的。

比如,各大著名的手机游戏都会有属于自己独特的背景音乐和特效声音,使得用户只要一听到与游戏相关的音乐,就会自然地联想到某手机游戏。如图12-16所示,为B站UP主机智的党妹给"一梦江湖"手游做的音效植入。

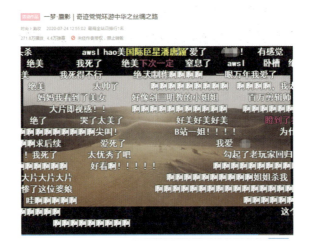

图12-16 音效植入

因为机智的党妹是位美妆区的UP主,再加上这次"一梦江湖"手游推广的目的是宣传游戏新门派(门派故事背景定位为西域),所以这次视频主题选择了与新出门派同款妆容。

在妆容的展示环节中,机智的党妹选择了与游戏同类型的室外风格场景,并在背景音乐中选择了与游戏相关的定制曲,让大家更有了游戏身临其境之感,让音效植入成为视频的点睛之笔。

该视频巧妙地运用了场景植入和音效植入这两种广告植入方式,为游戏起到了很好的宣传推广作用。

5. 道具植入,自然适度

道具植入就是让产品作为道具出现在视频中,道具可以包括很多东西,比如手机、汽车、家电、抱枕等,如图12-17所示。

图 12-17　道具植入

视频为 UP 主对品牌腮红进行的植入，把要推广的产品作为要使用的化妆道具，很自然地插入到视频之中，也使用户直观地感受到产品的用处。

在通过道具植入的方式打广告时，最好要遵循适度原则，因为频繁地给道具特写会显得有些刻意，容易引起观众的反感。

12.3　更多方式，长期变现

对于 UP 主来说，获取收益的方法很多，且在不断地扩展着。这就需要 UP 主不断地挖掘和持续创作优质内容。下面再介绍 5 种比较常见的变现方法。

12.3.1　账号融资，侧面突破

随着移动互联网的迅速发展，再加上现代人的时间比较碎片化，越来越多的用户习惯在手机上看短视频和中长视频，这也导致了 UGC 视频在近几年里得到了较为迅速的发展。因为自媒体时代的来临，让不少投资者的目光转移至此。

不少人都知道 papi 酱的名号，她拥有多重身份，比如在内容创作中自称的"我是一个集美貌与才华于一身的女子"，又如中戏导演系的研究生，再如拿下 1200 万元投资，一跃成为网红界大咖。

作为自媒体的前辈"罗辑思维"也为 papi 酱投入了一笔资金，联合徐小平共同投资 1200 万元。papi 酱奇迹般地从一个论文还没写完的研究生转变为身价上亿元的视频创作者，而这一切，仅仅用了不到半年的时间。

融资的变现模式对创作者的要求很高，因此可以适用的对象也比较少，而且 papi 酱也是目前视频行业的个例。但无论如何，融资也可以称得上是一种收益大、

速度快的变现方式，只是发生的概率比较小。

除了对个人的投资之外，如今的视频领域还出现了对已经形成一定规模的自媒体平台的投资，比如"泽休文化"就成功地获得了由美图领投，聚桌资本跟投的千万元级 A 轮融资。"泽休文化"旗下开设了 3 个栏目，分别是"厨娘物语""白眼初体验""我们养猫吧"。

其中"厨娘物语"是极具特色的一档节目，其用户定位比较明确，即满怀少女心的群体，而且运营方面也采用了 IP 化与品牌化的逻辑思维。如图 12-18 所示，为"厨娘物语"栏目的 UP 主的 B 站主页。

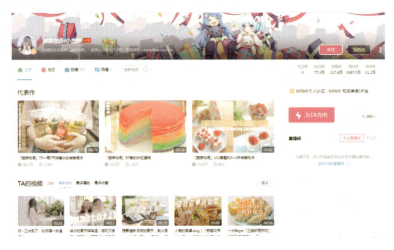

图 12-18　"厨娘物语"栏目的 UP 主的 B 站主页

"厨娘物语"不仅通过自身精准的用户定位和鲜明的少女风格吸引了美图的融资，成功地达到了视频变现的目的，而且它还积极地与用户展开互动，比如内容、评论的互动，出书与粉丝进行深入交流等。

这些互动一方面可以增强粉丝的黏性、提升粉丝的信任度，另一方面可以从侧面实现视频的变现。

12.3.2　直播形式，礼物盈利

随着变现方式的不断拓展深化，很多视频平台不单单向用户提供展示视频的功能，而且还开启了直播功能，为已经拥有较高人气的 IP 提供变现的平台，粉丝可以在直播中通过送礼物的方式与主播互动。

UP 主在 B 站直播时，用户可以对其进行礼物打赏。UP 主收到的礼物可以换算成 B 站虚拟币"金瓜子"，而金瓜子可以按照 1000∶1 的比例折现为人民币。如图 12-19 所示，为某 UP 主的金瓜子榜和粉丝榜。

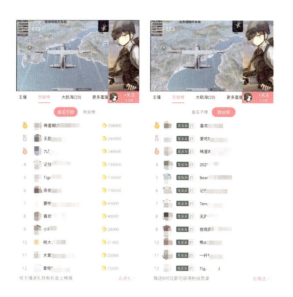

图 12-19 某 UP 主的金瓜子榜和粉丝榜

视频平台开启直播入口是为了让已经形成自己风格的 IP 或大咖能够高效变现，这也算是一种对 B 站变现模式的补充。因为 B 站用户对具有重要影响力的 UP 主已经形成了高度的信任感和依赖感，因此也会更愿意送礼物给他们，如此一来变现就更加简单了。

UP 主的直播区页面一共有 5 个功能，分别是直播场景、直播素材、直播信息修改、直播姬设置、直播功能区。在 B 站的直播过程中，UP 主一定要注意视频直播的内容规范要求，切不可逾越雷池，以免辛苦经营的账号被封。

如果 UP 主想往直播板块发展，最好建立一个专业的直播空间。直播室要有良好稳定的网络环境，保证直播时不会掉线和卡顿，从而影响用户观看体验。如果是在室外直播，建议选择流量大的套餐。如图 12-20 所示，为 B 站联合移动公司的电话卡特权。

图 12-20 B 站联合移动公司的电话卡特权

主播可以购买一套好的电容麦克风设备，给用户带来更好的音质效果，同时也将自己的真实声音展现给他们。购买一个好的手机外置摄像头，让直播效果更加高清，给用户留下更好的外在形象，当然也可以通过美颜等效果来给自己的颜值加分。

其他设备还需要准备桌面支架、三脚架、补光灯、手机直播声卡以及高保真耳机等。例如，直播补光灯可以根据不同的场景调整画面亮度，具有美颜亮肤的作用。手机直播声卡可以高保真收音，不论是高音还是低音，都可以还原得更真实，让你的歌声更加出众。

12.3.3 电商变现，盈利堡垒

"电商+视频"是 UP 主变现的有效模式，现在已经有很多 UP 主与电商达成合作，为电商引流。电商与视频的结合有利于吸引庞大的流量，一方面视频适合碎片化的信息整理，另一方面通过视频展示商品更加直观动感，更有说服力。

如果视频的内容能够与商品很好地融合，无论是商品的卖家，还是 UP 主，都能获得较多的人气和支持。视频的电商变现形式不仅自营电商可以使用，也适用于第三方店铺。很多电商品牌都是通过 UP 主发布的视频来赢得用户的注意和信任，从而促进销量上涨的。

我们以电商变现中最常见的淘宝变现为例进行分析，其变现的方式有以下两种，我们可以分别利用其优势吸引眼球，成功变现。一种方式是在 B 站视频评论区贴出淘宝产品链接进行变现。在 B 站有许多穿搭 UP 主，他们通常会在评论区提出视频中所提到的穿搭产品，供广大粉丝群体进行购买，如图 12-21 所示。

图 12-21　评论区贴淘宝口令

另一种方式就是在专栏文章里贴出淘宝链接进行变现。比如一些穿搭博主在专栏文章里讲穿搭风格时，会将部分衣服裤子的淘宝链接贴出，如图12-22所示。

图12-22　在专栏文章里贴淘宝链接

而且，视频平台为了变现，也会与电商进行合作，如UP主可以申请自己的推广橱窗，通过卖货来实现商业变现，如图12-23所示。

图12-23　推广橱窗

第三方店铺的"视频+电商"的变现方式就是利用了视频直观化这一特点，尤其是美妆、服饰类的商品，更适合用视频的方式展示，有利于变现和盈利。

12.3.4 IP 版权，知识转化

IP 在近年来已经成为互联网领域比较流行和热门的词语，它的本义是 Intellectual Property，即知识产权。而很多 IP，实际上指的是具有较高人气的、适合多次开发利用的文学作品、影视作品以及游戏动漫等。

值得注意的是，视频也可以形成标签化的 IP，所谓标签化，就是让人一看到这个 IP，就联想到与之相关的显著特征，比如 UP 主老番茄就是典型的标签化 IP。不管是人还是物，只要它具有人气和特点，就能孵化为大 IP，从而达到变现的目的。

此外，很多 UP 主通过视频获得知名度之后，进行出书、参加商演等活动，进而实现再次变现。另外，当你的图书作品火爆后，还可以通过售卖图书版权来变现，不过这些方式可能比较适合那些成熟的视频团队。

这可以算得上是视频变现的衍生模式，同时也借助了 IP 的人气和力量，只要 UP 主本身有基础与实力，那么收益还是很乐观的。

12.3.5 课程变现，干货出售

对于部分 UP 主来说，自身是无法为消费者提供实体类的商品的。那么是不是对于他们来说，B 站平台的主要价值就是积累粉丝，进行自我宣传的一个渠道呢？很显然，B 站平台的价值远不止如此，只要 UP 主拥有足够的干货内容，同样是能够通过 B 站平台来获取收益的。

比如，UP 主可以将自己的课程设置成付费，B 站用户通过付费来购买课程，获得一些新知识，而 UP 主可以凭借该课程获得收益。如图 12-24 所示，为 B 站 UP 主设置的付费课程内容。

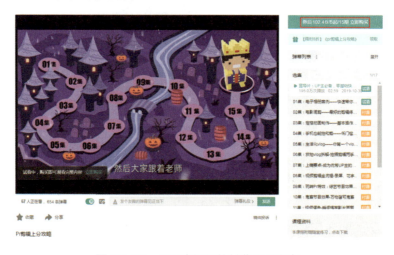

图 12-24　UP 主设置的付费课程内容